MANUALE
TIPOGRAFICO.

II.

MANUALE

TIPOGRAFICO

DEL CAVALIERE

GIAMBATTISTA BODONI

VOLUME SECONDO.

PARMA

PRESSO LA VEDOVA

MDCCCXVIII.

SERIE

DI

CARATTERI GRECI,

ED

ALTRI ESOTICI.

GRECO

Πατερ ημων, ο εν τοις ουρανοις· αγιασθητω το ονομα σου. ελθετω η βασιλεια σου. γενηθητω το θελημα σου, ως εν ουρανω, και επι της γης. τον αρτον ημων τον επιουσιον δος ημιν σημερον. και αφες ημιν τα οφειληματα ημων, ως και ημεις αφιεμεν τοις οφειλεταις ημων. και μη εισενεγκης ημας εις πειρασμον. αλλα ρυσαι ημας απο του πονηρου. αμην.

GRECO

1

Πατερ ημων, ο εν τοις ουρανοις· αγιασθητω το ονομα σου· Ελθετω η βασιλεια σου. Γενηθητω το θελημα σου, ως εν ουρανω, και επι της γης. Τον αρτον ημων τον επιουσιον δος ημιν σημερον. Και αφες ημιν τα οφειληματα ημων, ως και ημεις αφιεμεν τοις οφειλεταις ημων. Και μη εισενεγκης ημας εις πειρασμον. Αλλα ρυσαι ημας απο του πονηρου. Αμην.

2

Πατερ ημων, ο εν τοις ουρανοις· αγιασθητω το ονομα σου. Ελθετω η βασιλεια σου. Γενηθητω το θελημα σου, ως εν ουρανω, και επι της γης. Τον αρτον ημων τον επιουσιον δος ημιν σημερον. Και αφες ημιν τα οφειληματα ημων, ως και ημεις αφιεμεν τοις οφειλεταις ημων. Και μη εισενεγκης ημας εις πειρασμον. Αλλα ρυσαι ημας απο του πονηρου. Αμην.

1. Gettato sul Testino.   2. Sul Garamone.

GRECO

3

Πατερ ημων, ο εν τοις ουρανοις· αγιασθητω το ονομα σου. Ελθετω η βασιλεια σου. Γενηθητω το θελημα σου, ως εν ουρανω, και επι της γης. Τον αρτον ημων τον επιουσιον δος ημιν σημερον. Και αφες ημιν τα οφειληματα ημων, ως και ημεις αφιεμεν τοις οφειλεταις ημων. Και μη εισενεγκης ημας εις πειρασμον. Αλλα ρυσαι ημας απο του πονηρου. Αμην.

4

Πατερ ημων, ο εν τοις ουρανοις· αγιασθητω το ονομα σου. Ελθετω η βασιλεια σου. Γενηθητω το θελημα σου, ως εν ουρανω, και επι της γης. Τον αρτον ημων τον επιουσιον δος ημιν σημερον. Και αφες ημιν τα οφειληματα ημων, ως και ημεις αφιεμεν τοις οφειλεταις ημων. Και μη εισενεγκης ημας εις πειρασμον. Αλλα ρυσαι ημας απο του πονηρου. Αμην.

3. 4. Sul Garamone.

GRECO

5

Πατερ ἡμῶν, ὁ ἐν τοῖς οὐρανοῖς· ἁγιασθήτω τὸ ὄνομά σου. Ἐλθέτω ἡ βασιλεία σου. Γενηθήτω τὸ θέλημά σου, ὡς ἐν οὐρανῷ, καὶ ἐπὶ τῆς γῆς. Τὸν ἄρτον ἡμῶν τὸν ἐπιούσιον δὸς ἡμῖν σήμερον. Καὶ ἄφες ἡμῖν τὰ ὀφειλήματα ἡμῶν, ὡς καὶ ἡμεῖς ἀφίεμεν τοῖς ὀφειλέταις ἡμῶν. Καὶ μή εἰσενέγκῃς ἡμᾶς εἰς επιρασμὸν. Ἀλλὰ ῥῦσαι ἡμᾶς ἀπὸ τοῦ πονηροῦ. Ἀμήν.

6

Πατερ ημων, ο εν τοις ουρανοις· αγιασθητω το ονομα σου. Ελθετω η βασιλεια σου. Γενηθητω το θελημα σου, ως εν ουρανω, και επι της γης. Τον αρτον ημων τον επιουσιον δος ημιν σημερον. Και αφες ημιν τα οφειληματα ημων, ως και ημεις αφιεμεν τοις οφειλεταις ημων. Και μη εισενεγκης ημας εις πειρασμον. Αλλα ρυσαι ημας απο του πονηρου. Αμην.

5. Sul Garamone.   6. Sulla Lettura.

GRECO

7

Πατερ ἡμῶν, ὁ ἐν τοῖς οὐρανοῖς· ἁγιασθήτω τὸ ὄνομά σου. Ἐλθέτω ἡ βασιλεία σου. Γενηθήτω τὸ θέλημά σου, ὡς ἐν οὐρανῷ, καὶ ἐπὶ τῆς γῆς. Τὸν ἄρτον ἡμῶν τὸν ἐπιούσιον δὸς ἡμῖν σήμερον. Καὶ ἄφες ἡμῖν τὰ ὀφειλήματα ἡμῶν, ὡς καὶ ἡμεῖς ἀφίεμεν τοῖς ὀφειλέταις ἡμῶν. Καὶ μή εἰ-

8

Πατερ ημων, ο εν τοις ουρανοις· αγιασθητω το ονομα σου. Ελθετω η βασιλεια σου. Γενηθητω το θελημα σου, ως εν ουρανω, και επι της γης. Τον αρτον ημων τον επιουσιον δος ημιν σημερον. Και αφες ημιν τα οφειληματα ημων, ως και ημεις αφιεμεν τοις οφειλεταις ημων.

7. 8. Sulla Lettura.

GRECO

9

Πατερ ημων, ο εν τοις ουρανοις· αγιασθητω το ονομα σου. Ελθετω η βασιλεια σου. Γενηθητω το θελημα σου, ως εν ουρανω, και επι της γης. Τον αρτον ημων τον επιουσιον δος ημιν σημερον. Και αφες ημιν τα οφειληματα ημων, ως και ημεις αφιεμεν τοις οφειλεταις ημων. Και μη εισενεγκης

10

Πατερ ημων, ο εν τοις ουρανοις· αγιασθητω το ονομα σου. Ελθετω η βασιλεια σου. Γενηθητω το θελημα σου, ως εν ουρανω, και επι της γης. Τον αρτον ημων τον επιουσιον δος ημιν σημερον. Και αφες ημιν τα οφειληματα ημων, ως και ημεις αφιεμεν τοις οφειλεταις

9. 10. Sulla Lettura.

GRECO

11

Πατερ ημων, ο εν τοις ουρανοις· αγιασθητω το ονομα σου. Ελθετω η βασιλεια σου. Γενηθητω το θελημα σου, ως εν ουρανω, και επι της γης. Τον αρτον ημων τον επιουσιον δος ημιν σημερον. Και αφες ημιν τα οφειληματα ημων, ως και ημεις αφιεμεν τοις οφειλεταις

12

Πάτερ ἡμῶν, ὁ ἐν τοῖς οὐρανοῖς· ἁγιασθήτω τὸ ὄνομά σου. Ἐλθέτω ἡ βασιλεία σου. Γενηθήτω τὸ θέλημά σου, ὡς ἐν οὐρανῷ, καὶ ἐπὶ τῆς γῆς. Τὸν ἄρτον ἡμῶν τὸν ἐπιούσιον δὸς ἡμῖν σήμερον. Καὶ ἄφες ἡμῖν τὰ ὀφειλή-

11. 12. Sul Silvio.

GRECO

13

Πατερ ημων, ο εν τοις ουρανοις· αγιασθητω το ονομα σου. Ελθετω η βασιλεια σου. Γενηθητω το θελημα σου, ως εν ουρανω, και επι της γης. Τον αρτον ημων τον επιουσιον δος ημιν σημερον. Και αφες ημιν τα οφειληματα ημων, ως και ημεις αφιεμεν

14

Πατερ ἡμῶν, ὁ ἐν τοῖς οὐρανοῖς· ἁγιασθήτω τὸ ὄνομά σου. Ἐλθέτω ἡ βασιλεία σου. Γενηθήτω τὸ θέλημά σου, ὡς ἐν οὐρανῷ, καὶ ἐπὶ τῆς γῆς. Τὸν ἄρτον ἡμῶν τὸν ἐπιούσιον δὸς ἡμῖν σήμερον. Καὶ ἄφες ἡμῖν τὰ ὀφειλήματα ἡμῶν, ὡς καὶ

13. 14. Sul Silvio.

GRECO

15

Απφυς ἁμῶν, ὁ ἐςὶ ἐνὶ τα ἀδιῆ, ἁγιασθήτω τοὔνομα σεῖο· ἔλθέτω ἁ βασιλεία τεῦ. Γεινάσθω τ' οὐέλδωρ σεόθεν, τώς οὐρανόθι, οὕτωσὶ κ̔ γῆθι. Τὸν βέσκερον ἀμμέων τὸν ἐπιούσιον δόθι ἄμμι τήμερον. Καὶ ἄπες ἀμῖν

16

Πατερ ημων, ο εν τοις ουρανοις· αγιασθητω το ονομα σου. Ελθετω η βασιλεια σου. Γενηθητω το θελημα σου, ως εν ουρανω, και επι της γης. Τον αρτον ημων τον επιουσιον δος ημιν σημερον. Και αφες ημιν τα οφειλη-

15. 16. Sul Silvio.

GRECO

17

ΠATER ϰμωρ, ο ερ τοισ ουραμοισ· αγιασθητω το ομομα σου· ϐλθετο ϰ βασιλεια σου. γερηθητω το θελημα σου, ωσ ερ ουραμω, ϰαι επι τησ γησ. τορ αρτορ ϰμωρ τορ επιουσιορ δοσ ϰμιρ

18

ΠATEP ἡμῶν, ὁ ἐν τοῖς οὐρανοῖς· ἁγιασθήτω τὸ ὄνομά σου. Ἐλθέτω ἡ βασιλεία σου. Γενηθήτω τὸ θέλημά σου, ὡς ἐν οὐρανῷ, καὶ ἐπὶ τῆς γῆς. Τὸν ἄρτον ἡμῶν τὸν ἐπιούσιον δὸς ἡμῖν

17. Sul Silvio. 18. Sul Testo.

GRECO

19

Πατερ ημων, ο εν τοις ουρανοις· αγιασθητω το ονομα σου. Ελθετω η βασιλεια σου. Γενηθητω το θελημα σου, ως εν ουρανω, και επι της γης. Τον αρτον ημων τον επιουσιον δος

20

Ω πατέρα μας, ὁ ποῦ ἶσαι ἐις τοὺς οὐρανούς· ἂς ἁγιασθῇ τὸ ὄνομά σου· ἂς ἔλθῃ ἡ βασιλεία σου. Ἂς γένῃ τὸ θέλημά σου, καθὼς ἐις τὸν οὐρανὸν, ἔτζη καὶ ἐις τὴν γῆν.

19. 20. Sul Testo.

GRECO

25

Πατερ ἡμῶν, ὁ ἐν τοῖς οὐρανοῖς· ἁγιασθήτω τὸ ὄνομά σου. Ἐλθέτω ἡ βασιλεία σου. Γενηθήτω τὸ θέλημά σου, ὡς

26

Πατερ ημων, ο εν τοισ ουρανοισ· αγιασθητω το ονομα σου. ελθετω η βασιλεια σου. εν ουρανω, και επι τησ γησ. τον αρτον ημων τον επιου-

25. 26. Sull'Ascendonica.

GRECO

27

Πατερ ημων, ο εν τοις ουρανοις· αγιασθητω το ονομα σου. Ελθετω η βασιλεια σου. Γενηθητω το θελημα

28

Πατερ ἡμῶν, ὁ ἐν τοῖς οὐρανοῖς· ἁγιασθήτω τὸ ὄνομά σου. Ἐλθέτω ἡ βασιλεία σου. Γενηθήτω τὸ θέλημά

27. 28. Sull'Ascendonica.

GRECO

29

Πατερ ἡμῶν, ὁ ἐν τοῖς οὐρανοῖς· ἁγιασθήτω τὸ ὄνομά σου. Ἐλθέτω ἡ βασιλεία σου. Γενηθήτω τὸ θέλημά

30

Πατερ ἡμῶν, ὁ ἐν τοῖς οὐρανοῖς· ἁγιασθήτω τὸ ὄνομά σου. Ἐλθέτω ἡ βασιλεία σου. Γενηθήτω τὸ θέ-

29. Sul Parangone.   30. Sull'Ascendonica.

GRECO

31

Πατερ ημων, ο εν τοις ουρανοις. αγιασθητω το ονομα σου. Ελθετω η βασιλεια σου. Γενηθητω το

32

Πατερ ημων, ο εν τοις ουρανοις· αγιασθητω το ονομα σου. Ελθετω η βασιλεια

31. Sull'Ascendonica. 32. Sulla Palestina.

GRECO

33

Πατερ ἡμῶν, ὁ ἐν τοῖς οὐρανοῖς· ἁγιασθήτω τὸ ὄνομά σου. Ἐλθέτω ἡ βασιλεία

34

Πατερ ημων, ο εν τοις ουρανοις· αγιασθητω το ονομα σου. Ελθετω η βασιλεια

33. 34. Sulla Palestina.

SERIE

DI

MAJUSCOLE GRECHE

TONDE E CORSIVE.

MAJUSCOLE

1

ΑΒΓΔΕΖΗΘΙΚΛΜΝΞΟΠΡΣΤΥΦΧΨΩ

ΠΑΤΕΡ ΗΜΩΝ,
Ο ΕΝ ΤΟΙΣ ΟΥΡΑΝΟΙΣ· ΑΓΙΑΣΘΗΤΩ ΤΟ ΟΝΟΜΑ ΣΟΥ.
ΕΛΘΕΤΩ Η ΒΑΣΙΛΕΙΑ ΣΟΥ.

2

ΑΒΓΔΕΖΗΘΙΚΛΜΝΞΟΠΡΣΤΥΦΧΨΩ

ΠΑΤΕΡ ΗΜΩΝ,
Ο ΕΝ ΤΟΙΣ ΟΥΡΑΝΟΙΣ· ΑΓΙΑΣΘΗΤΩ ΤΟ ΟΝΟΜΑ ΣΟΥ.
ΕΛΘΕΤΩ Η ΒΑΣΙΛΕΙΑ ΣΟΥ.

3

ΑΒΓΔΕΖΗΘΙΚΛΜΝΞΟΠΡΣΤΥΦΧΨΩ

ΠΑΤΕΡ ΗΜΩΝ,
Ο ΕΝ ΤΟΙΣ ΟΥΡΑΝΟΙΣ· ΑΓΙΑΣΘΗΤΩ
ΤΟ ΟΝΟΜΑ ΣΟΥ.
ΕΛΘΕΤΩ Η ΒΑΣΙΛΕΙΑ ΣΟΥ.

MAJUSCOLE

4

ΑΒΓΔΕΖΗΘΙΚΛΜΝΞΟΠΡΣΤΥΦΧΨΩ

ΠΑΤΕΡ ΗΜΩΝ,
Ο ΕΝ ΤΟΙΣ ΟΥΡΑΝΟΙΣ· ΑΓΙΑΣΘΗΤΩ
ΤΟ ΟΝΟΜΑ ΣΟΥ.

5

ΑΒΓΔΕΖΗΘΙΚΛΜΝΞΟΠΡΣΤΥΦΧΨΩ

ΠΑΤΕΡ ΗΜΩΝ,
Ο ΕΝ ΤΟΙΣ ΟΥΡΑΝΟΙΣ· ΑΓΙΑΣΘΗΤΩ
ΤΟ ΟΝΟΜΑ ΣΟΥ.

6

ΑΒΓΔΕΖΗΘΙΚΛΜΝΞΟΠΡΣΤΥΦΧΨΩ

ΠΑΤΕΡ ΗΜΩΝ,
Ο ΕΝ ΤΟΙΣ ΟΥΡΑΝΟΙΣ· ΑΓΙΑΣΘΗΤΩ
ΤΟ ΟΝΟΜΑ ΣΟΥ.

MAJUSCOLE

7

ΑΒΓΔΕΖΗΘΙΚΛΜΝΞΟ
ΠΡΣΤΥΦΧΨΩ

ΠΑΤΕΡ ΗΜΩΝ, Ο ΕΝ ΤΟΙΣ ΟΥΡΑΝΟΙΣ·
ΑΓΙΑΣΘΗΤΩ ΤΟ ΟΝΟΜΑ ΣΟΥ.
ΕΛΘΕΤΩ
Η ΒΑΣΙΛΕΙΑ ΣΟΥ.

8

ΑΒΓΔΕΖΗΘΙΚΛΜΝΞΟ
ΠΡΣΤΥΦΧΨΩ

ΠΑΤΕΡ ΗΜΩΝ, Ο ΕΝ ΤΟΙΣ ΟΥΡΑΝΟΙΣ·
ΑΓΙΑΣΘΗΤΩ ΤΟ ΟΝΟΜΑ ΣΟΥ.
ΕΛΘΕΤΩ
Η ΒΑΣΙΛΕΙΑ ΣΟΥ.

MAJUSCOLE

9

ΑΒΓΔΕΖΗΘΙΚΛΜΝΞΟΠΡΣΤΥΦΧΨΩ

ΠΑΤΕΡ ΗΜΩΝ, Ο ΕΝ ΤΟΙΣ ΟΥΡΑΝΘΙΣ·
ΑΓΙΑΣΘΗΤΩ ΤΟ ΟΝΟΜΑ ΣΟΥ.
ΕΛΘΕΤΩ
Η ΒΑΣΙΛΕΙΑ ΣΟΥ.

10

Α Β Γ Δ Ε Ζ Η Θ Ι Κ Λ Μ Ν Ξ Ο
Π Ρ Σ Τ ϒ Φ Χ Ψ Ω

ΠΑΤΕΡ ΗΜΩΝ, Ο ΕΝ ΤΟΙΣ ΟϒΡΑΝΟΙΣ·
ΑΓΙΑΣΘΗΤΩ ΤΟ ΟΝΟΜΑ ΣΟϒ.
ΕΛΘΕΤΩ
Η ΒΑΣΙΛΕΙΑ ΣΟϒ.

MAJUSCOLE

11

ΑΒΓΔΕΖΗΘΙΚΛΜΝΞ
ΟΠΡΣΤΥΦΧΨΩ

ΠΑΤΕΡ ΗΜΩΝ, Ο ΕΝ ΤΟΙΣ
ΟΥΡΑΝΟΙΣ· ΑΓΙΑΣΘΗΤΩ
ΤΟ ΟΝΟΜΑ ΣΟΥ.

12

ΑΒΓΔΕΖΗΘΙΚΛΜΝΞ
ΟΠΡΣΤΥΦΧΨΩ

ΠΑΤΕΡ ΗΜΩΝ, Ο ΕΝ ΤΟΙΣ
ΟΥΡΑΝΟΙΣ· ΑΓΙΑΣΘΗΤΩ
ΤΟ ΟΝΟΜΑ ΣΟΥ.

MAJUSCOLE

13

ΑΒΓΔΕΖΗΘΙΚΛΜΝΞ
ΟΠΡΣΤΥΦΧΨΩ

ΠΑΤΕΡ ΗΜΩΝ, Ο ΕΝ ΤΟΙΣ
ΟΥΡΑΝΟΙΣ· ΑΓΙΑΣΘΗΤΩ
ΤΟ ΟΝΟΜΑ ΣΟΥ.

14

ΑΒΓΔΕΖΗΘΙΚΛΜΝΞ
ΟΠΡΣΤΥΦΧΨΩ

ΠΑΤΕΡ ΗΜΩΝ, Ο ΕΝ ΤΟΙΣ
ΟΥΡΑΝΟΙΣ· ΑΓΙΑΣΘΗΤΩ
ΤΟ ΟΝΟΜΑ ΣΟΥ.

MAJUSCOLE

15

ΑΒΓΔΕΖΗΘΙΚΛΜΝΞ
ΟΠΡΣΤΥΦΧΨΩ

—

ΠΑΤΕΡ ΗΜΩΝ, Ο ΕΝ ΤΟΙΣ
ΟΥΡΑΝΟΙΣ·

16

ΑΒΓΔΕΖΗΘΙΚΛΜΝΞ
ΟΠΡΣΤΥΦΧΨΩ

—

ΠΑΤΕΡ ΗΜΩΝ, Ο ΕΝ ΤΟΙΣ
ΟΥΡΑΝΟΙΣ·

MAJUSCOLE

17

ΑΒΓΔΕΖΗΘΙΚΛΜΝΞ
ΟΠΡΣΤΥΦΧΨΩ

ΠΑΤΕΡ ΗΜΩΝ, Ο ΕΝ ΤΟΙΣ
ΟΥΡΑΝΟΙΣ·

18

ΑΒΓΔΕΖΗΘΙΚΛΜΝΞ
ΟΠΡΣΤΥΦΧΨΩ

ΠΑΤΕΡ ΗΜΩΝ, Ο ΕΝ ΤΟΙΣ
ΟΥΡΑΝΟΙΣ·

MAJUSCOLE

19

ΑΒΓΔΕΖΗΘΙΚΛΜΝΞ
ΟΠΡΣΤΥΦΧΨΩ

—

ΠΑΤΕΡ ΗΜΩΝ, Ο ΕΝ ΤΟΙΣ
ΟΥΡΑΝΟΙΣ·

20

ΑΒΓΔΕΖΗΘΙΚΛΜΝΞ
ΟΠΡΣΤΥΦΧΨΩ

—

ΠΑΤΕΡ ΗΜΩΝ, Ο ΕΝ ΤΟΙΣ
ΟΥΡΑΝΟΙΣ·

MAJUSCOLE

21

ΑΒΓΔΕΖΗ
ΘΙΚΛΜΝΞΟΠΡΣΤ
ΥΦΧΨΩ

22

ΑΒΓΔΕΖΗ
ΘΙΚΛΜΝΞΟΠΡΣΤ
ΥΦΧΨΩ

MAJUSCOLE

23

ΑΒΓΔΕΖΗ
ΘΙΚΛΜΝΞΟΠΡΣ
ΤΥΦΧΨΩ

24

ΑΒΓΔΕΖΗ
ΘΙΚΛΜΝΞΟΠΡΣ
ΤΥΦΧΨΩ

MAJUSCOLE

25

ΑΒΓΔΕΖΗΘ
ΙΚΛΜΝΞΟΠΡΣ
ΤΥΦΧΨΩ

26

ΑΒΓΔΕΖΗΘ
ΙΚΛΜΝΞΟΠΡΣ
ΤΥΦΧΨΩ

33

MAJUSCOLE

27

ΑΒΓΔΕΖΗΘ
ΙΚΛΜΝΞΟΠΡ
ΣΤΥΦΧΨΩ

28

ΑΒΓΔΕΖΗΘ
ΙΚΛΜΝΞΟΠΡ
ΣΤΥΦΧΨΩ

MAJUSCOLE

29

ΑΒΓΔΕ
ΖΗΘΙΚΛ
ΜΝΞΟ
ΠΡΣΤΥΦ
ΧΨΩ

MAJUSCOLE

3o

ΑΒΓΔΕ
ΖΗΘΙΚΛ
ΜΝΞΟ
ΠΡΣΤΥΦ
ΧΨΩ

MAJUSCOLE

31

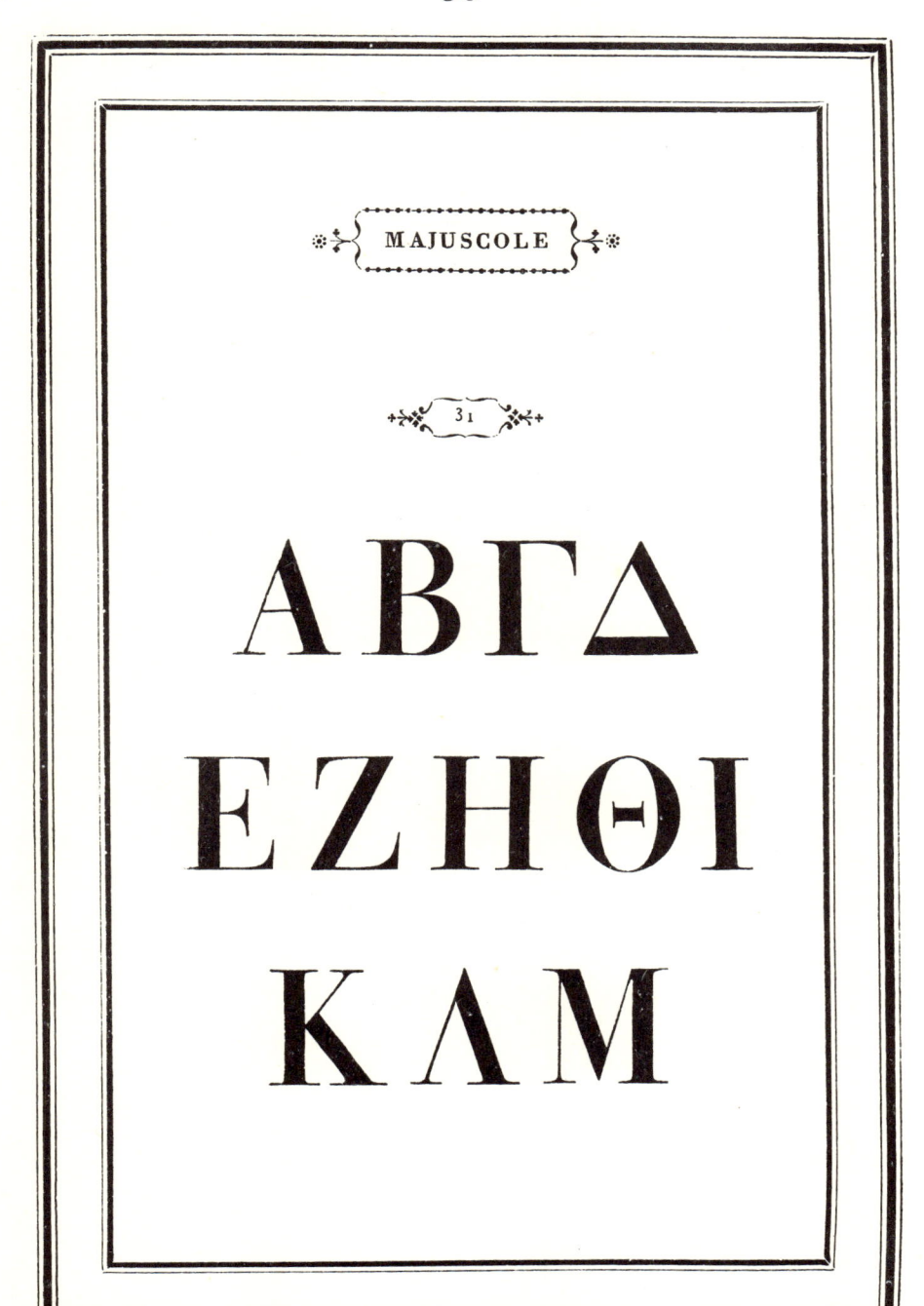

ΑΒΓΔ
ΕΖΗΘΙ
ΚΛΜ

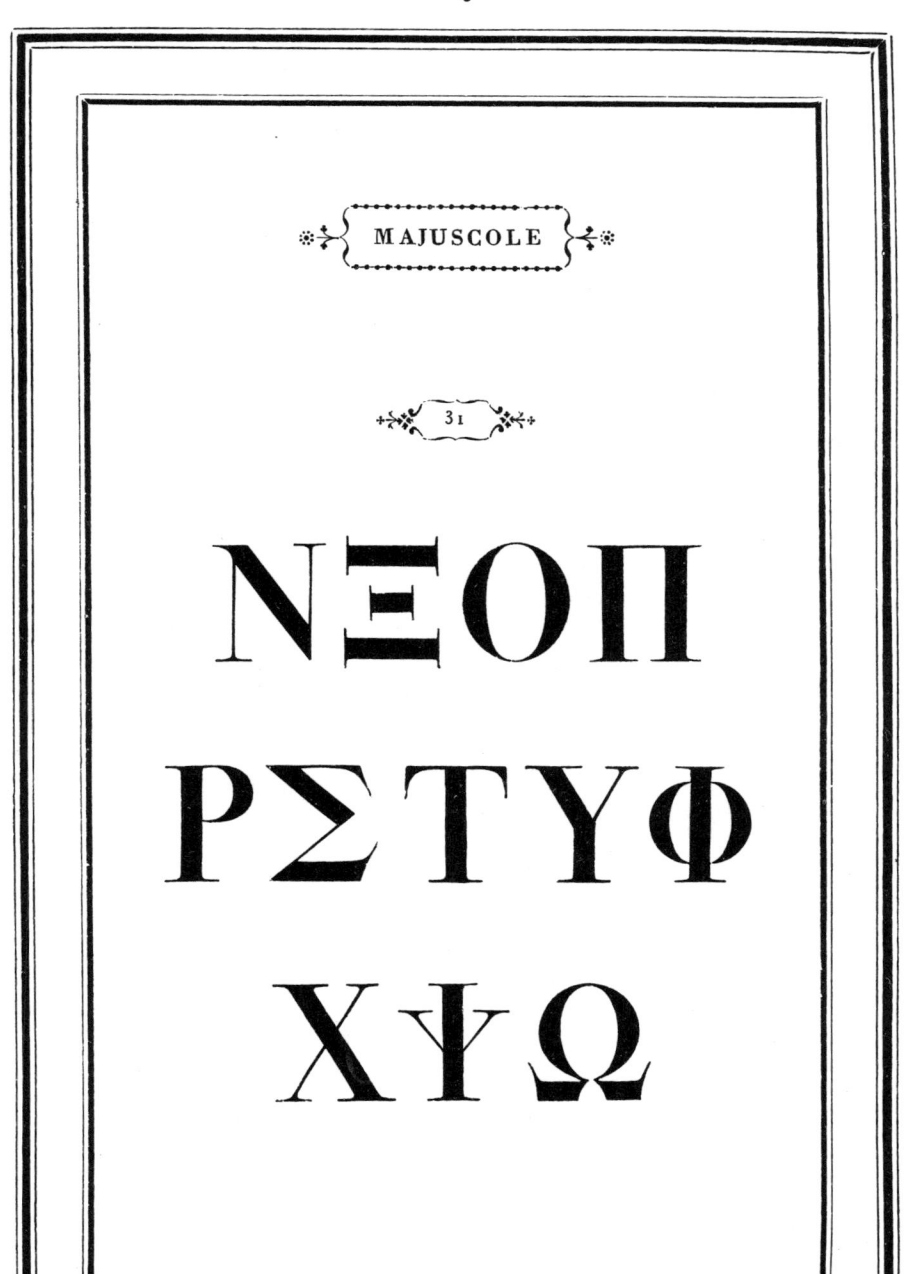

MAJUSCOLE

31

ΝΞΟΠ
ΡΣΤΥΦ
ΧΨΩ

MAJUSCOLE

32

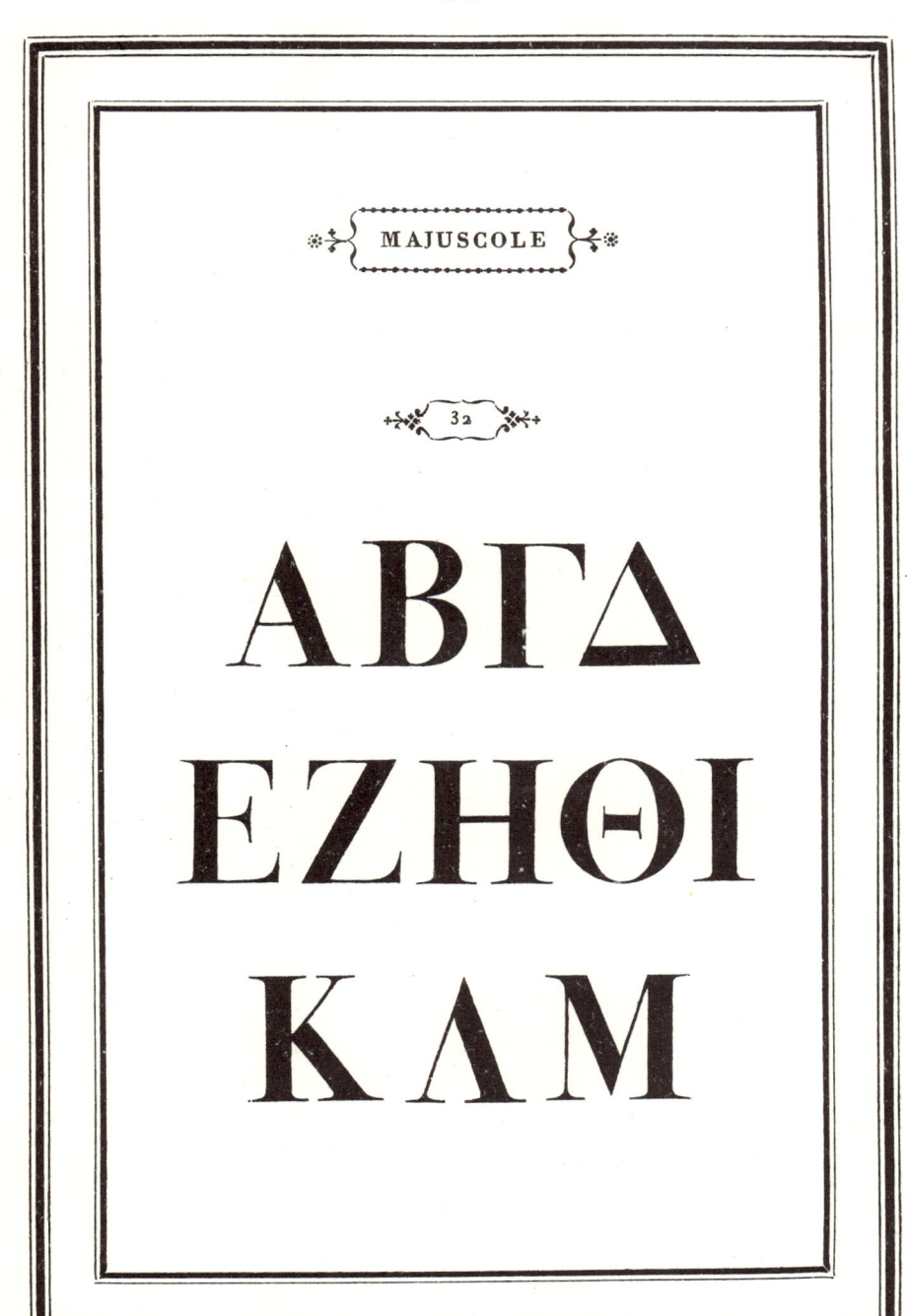

ΑΒΓΔ
ΕΖΗΘΙ
ΚΛΜ

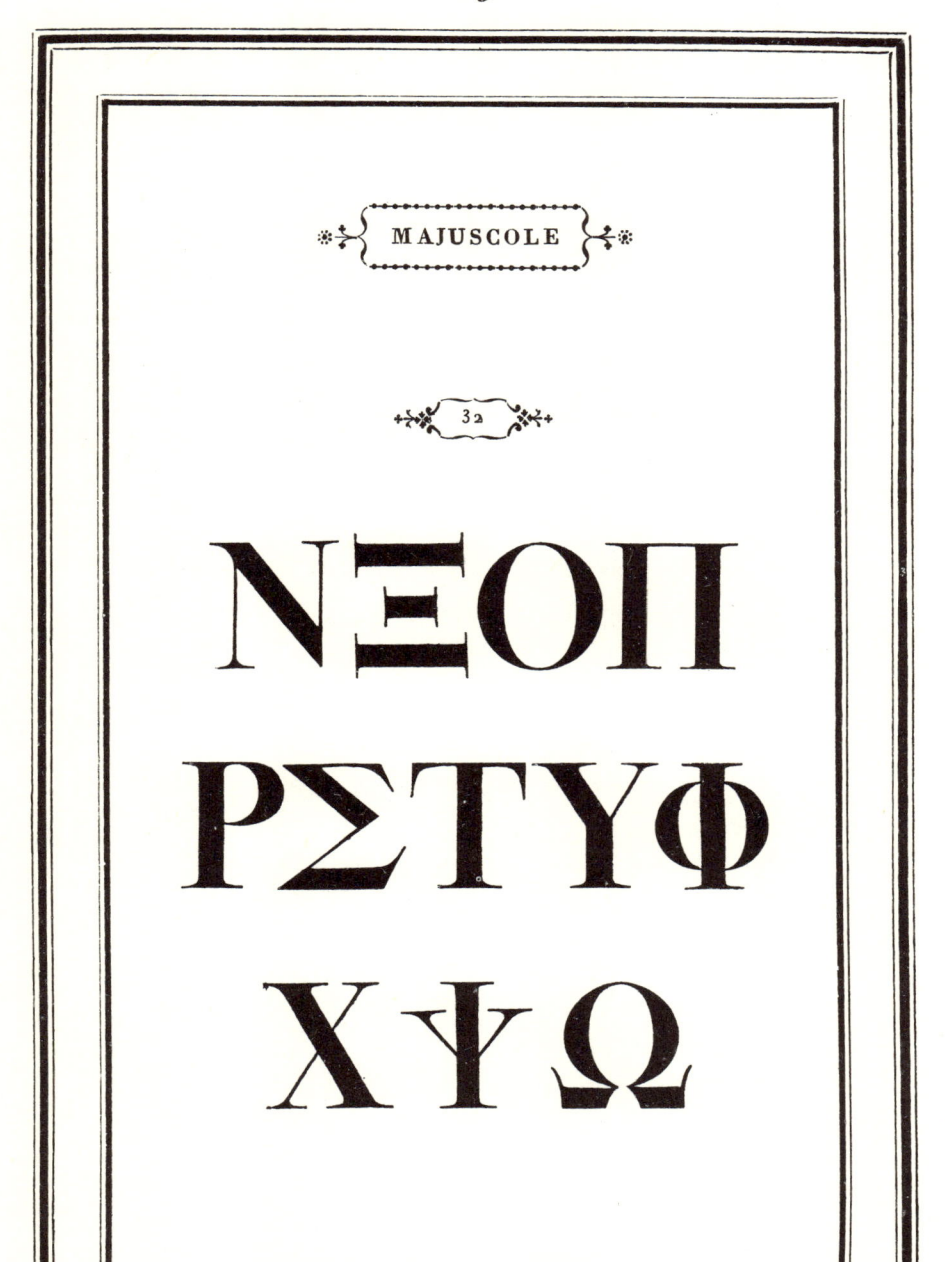

MAJUSCOLE

32

ΝΞΟΠ
ΡΣΤΥΦ
ΧΨΩ

MAJUSCOLE

33

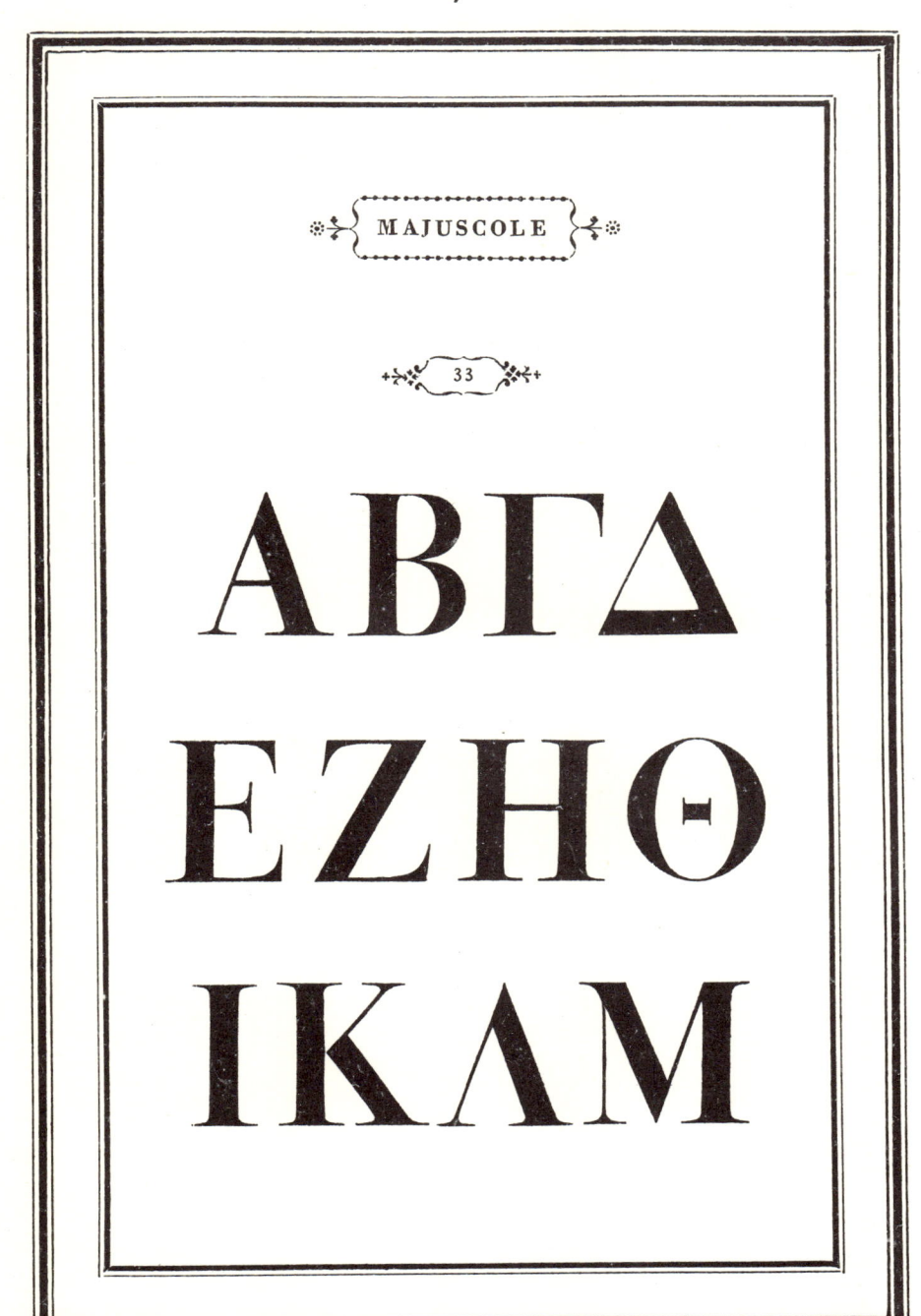

ΑΒΓΔ
ΕΖΗΘ
ΙΚΛΜ

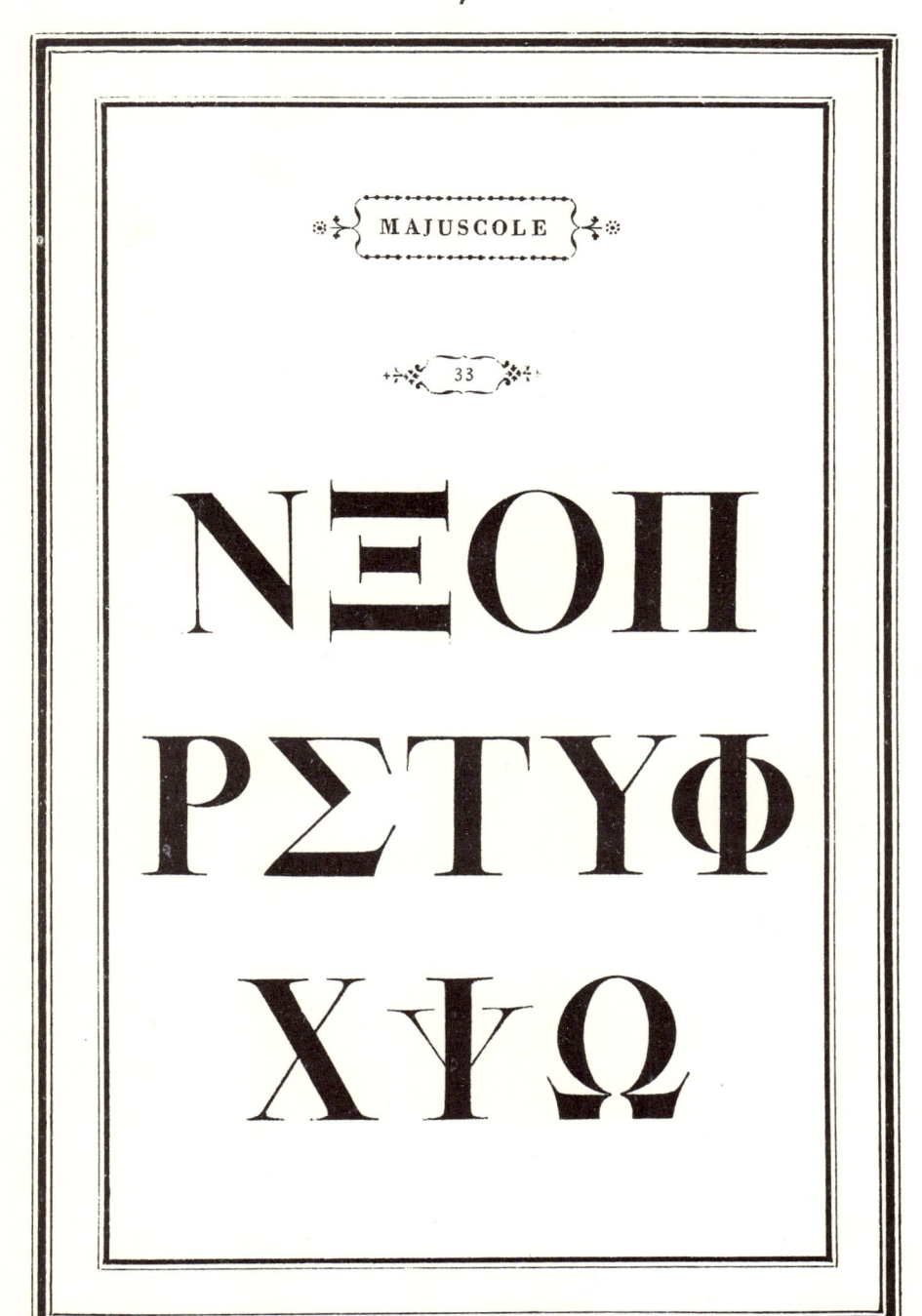

MAJUSCOLE

33

ΝΞΟΠ
ΡΣΤΥΦ
ΧΨΩ

MAJUSCOLE

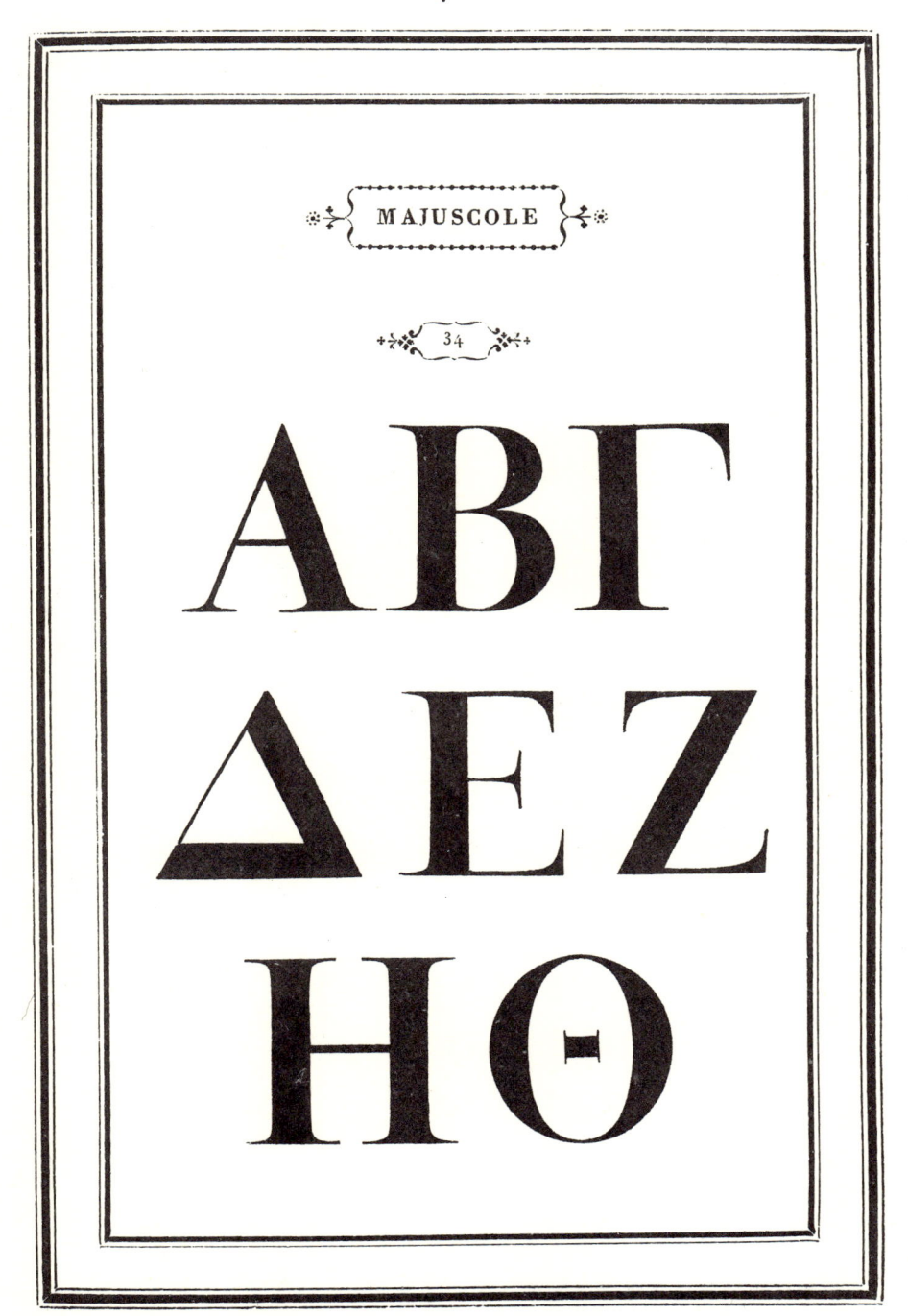

34

ΑΒΓ
ΔΕΖ
ΗΘ

MAJUSCOLE

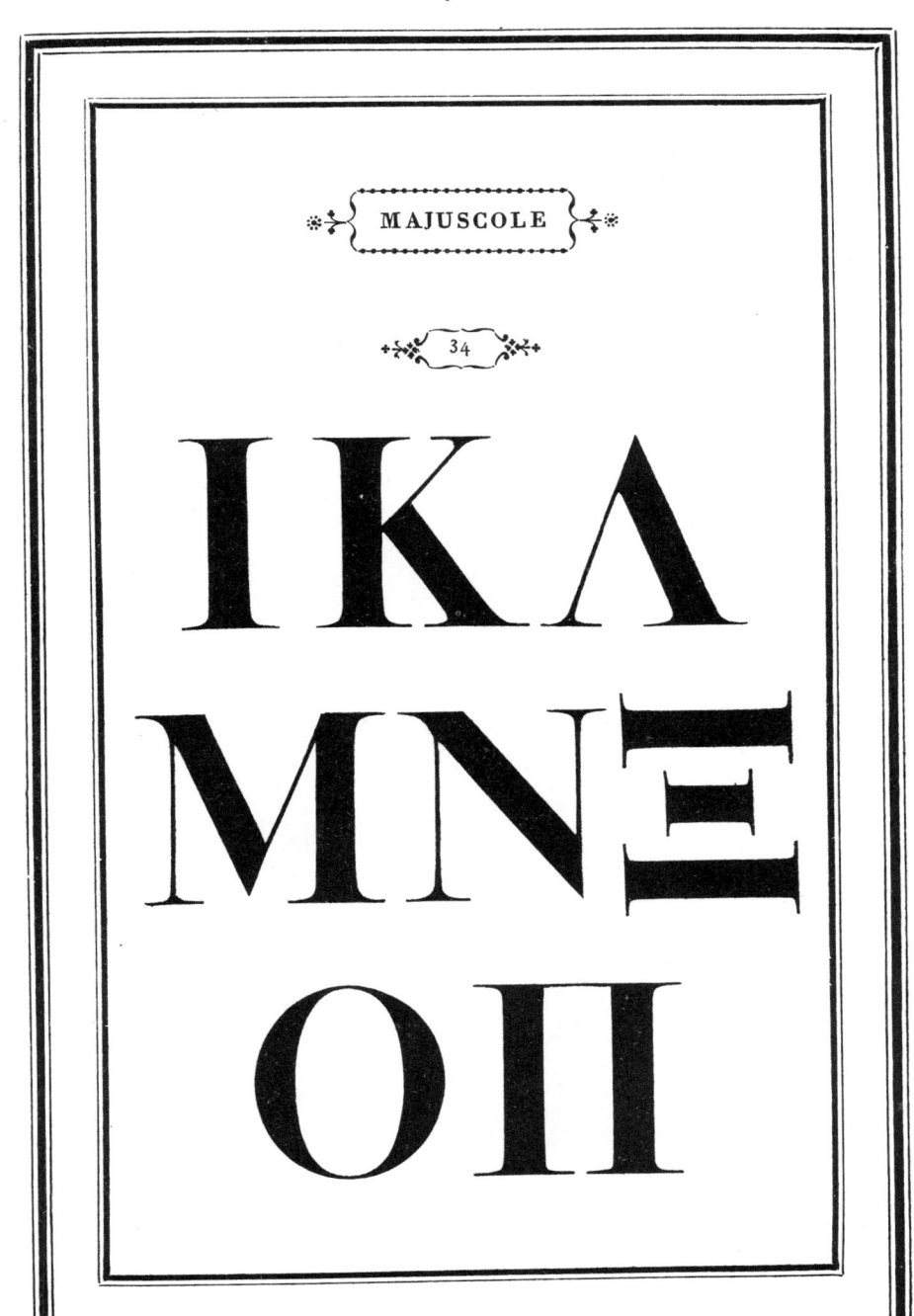

34

ΙΚΛ

ΜΝΞ

ΟΠ

MAJUSCOLE

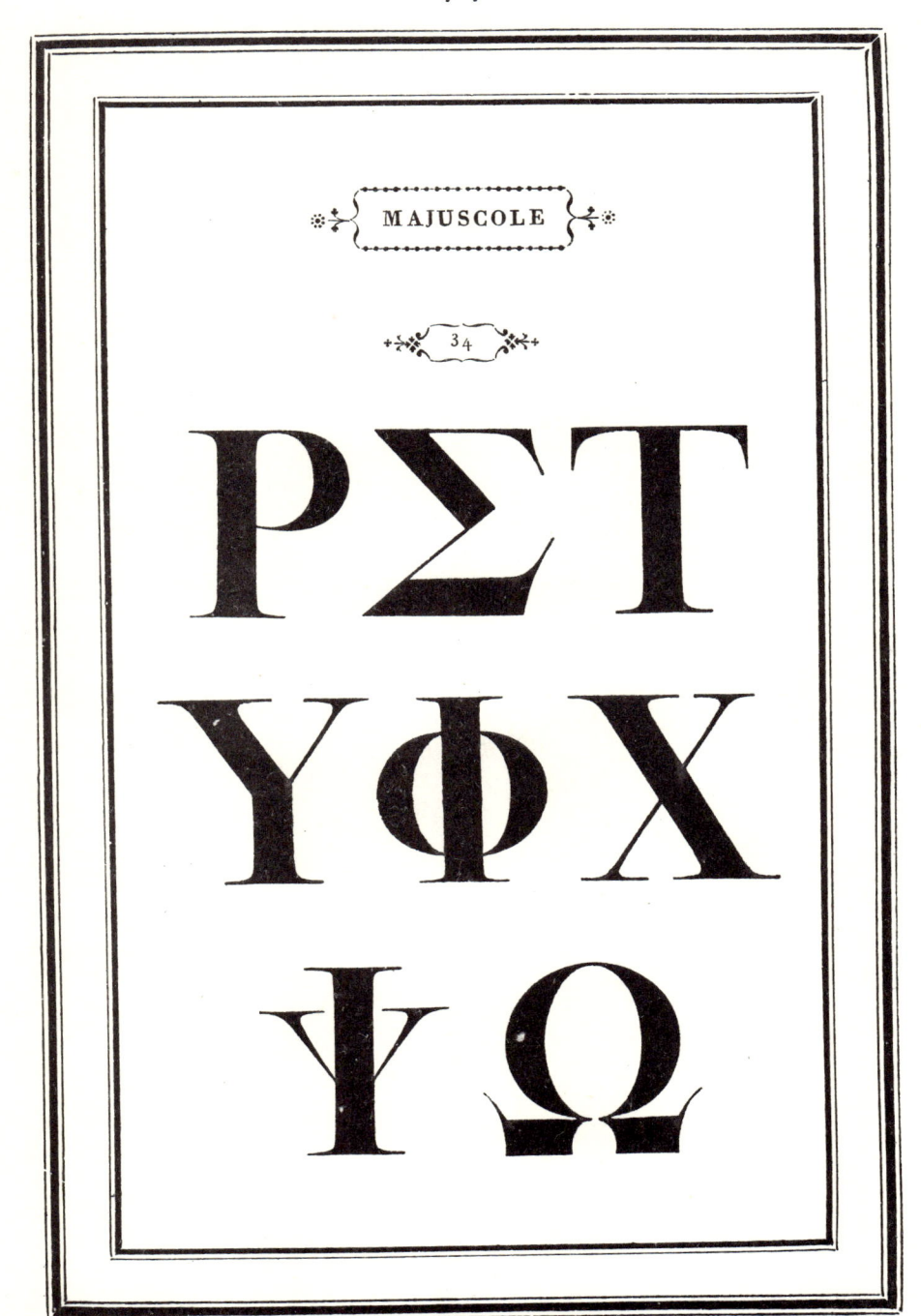

34

ΡΣΤ
ΥΦΧ
ΨΩ

MAJUSCOLE

13

ΑΒΓΔΕΖΗΘΙΚΛΜΝΞ
ΟΠΡΣΤΥΦΧΨΩ

ΠΑΤΕΡ ΗΜΩΝ, Ο ΕΝ ΤΟΙΣ
ΟΥΡΑΝΟΙΣ· ΑΓΙΑΣΘΗΤΩ
ΤΟ ΟΝΟΜΑ ΣΟΥ.

19

ΑΒΓΔΕΖΗΘΙΚΛΜΝΞ
ΟΠΡΣΤΥΦΧΨΩ

ΠΑΤΕΡ ΗΜΩΝ, Ο ΕΝ ΤΟΙΣ
ΟΥΡΑΝΟΙΣ·

Il numero di ciascun alfabeto corsivo corrisponde
precisamente a quello d'ogni alfabeto tondo.

MAJUSCOLE

20

ΑΒΓΔΕΖΗΘΙΚΛΜΝΞΟ
ΠΡΣΤΥΦΧΨΩ

—

ΠΑΤΕΡ ΗΜΩΝ,
Ο ΕΝ ΤΟΙΣ ΟΥΡΑΝΟΙΣ·

21

ΑΒΓΔΕΖΗΘΙΚΛΜΝΞΟ
ΠΡΣΤΥΦΧΨΩ

—

ΠΑΤΕΡ ΗΜΩΝ,
Ο ΕΝ ΤΟΙΣ ΟΥΡΑΝΟΙΣ·

MAJUSCOLE

22

ΑΒΓΔΕΖΗΘ
ΙΚΛΜΝΞΟΠΡΣ
ΤΥΦΧΨΩ

23

**ΑΒΓΔΕΖΗΘ
ΙΚΛΜΝΞΟΠΡΣ
ΤΥΦΧΨΩ**

MAJUSCOLE

24

ΑΒΓΔΕΖΗ
ΘΙΚΛΜΝΞΟΠΡΣ
ΤΥΦΧΨΩ

25

ΑΒΓΔΕΖΗΘ
ΙΚΛΜΝΞΟΠΡΣ
ΤΥΦΧΨΩ

MAJUSCOLE

26

ΑΒΓΔ
ΕΖΗΘΙΚΛ
ΜΝΞΟ
ΠΡΣΤΥΦ
ΧΨΩ

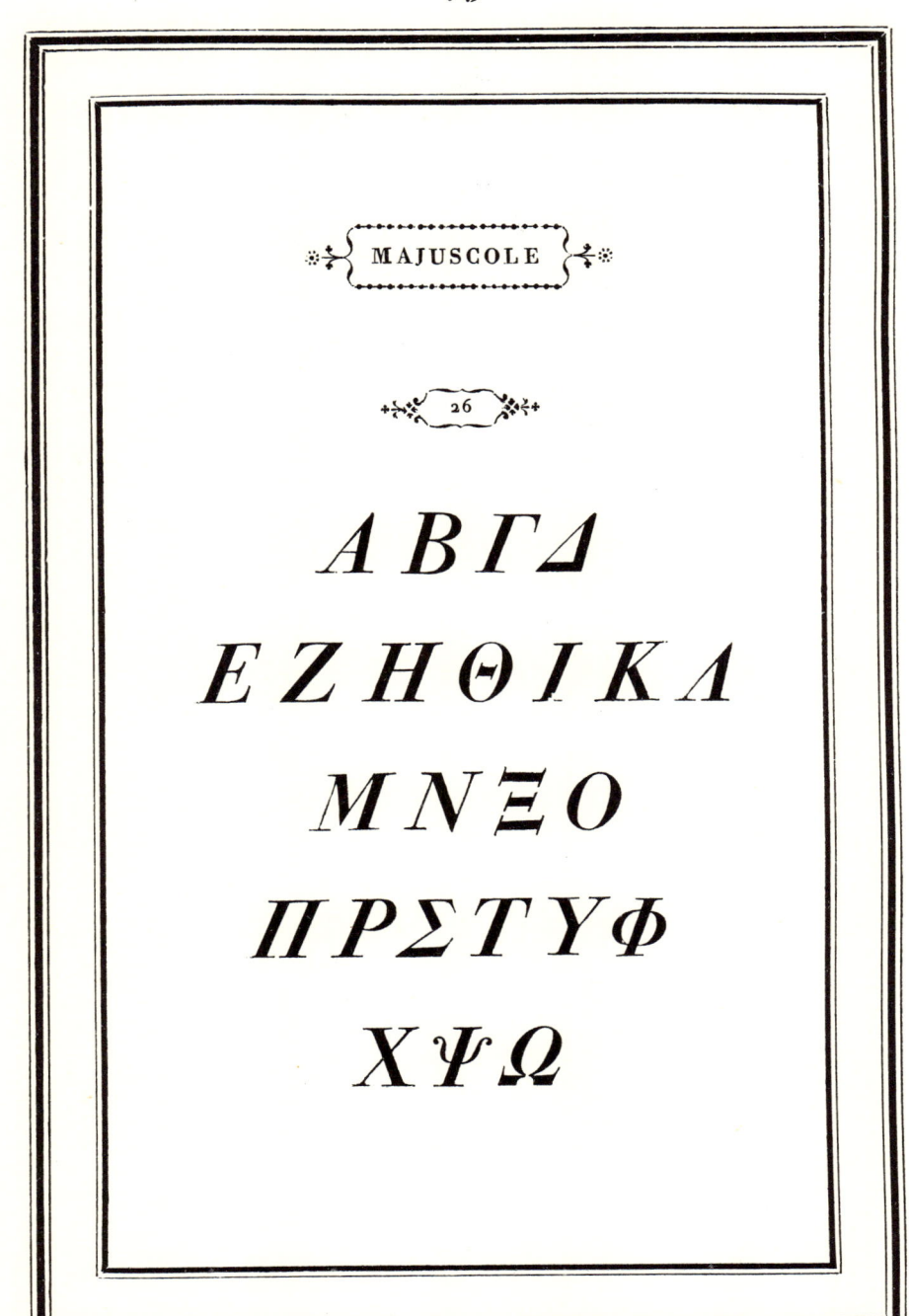

MAJUSCOLE

27

ΑΒΓΔ

ΕΖΗΘΙΚΛ

ΜΝΞΟ

ΠΡΣΤΥΦ

ΧΨΩ

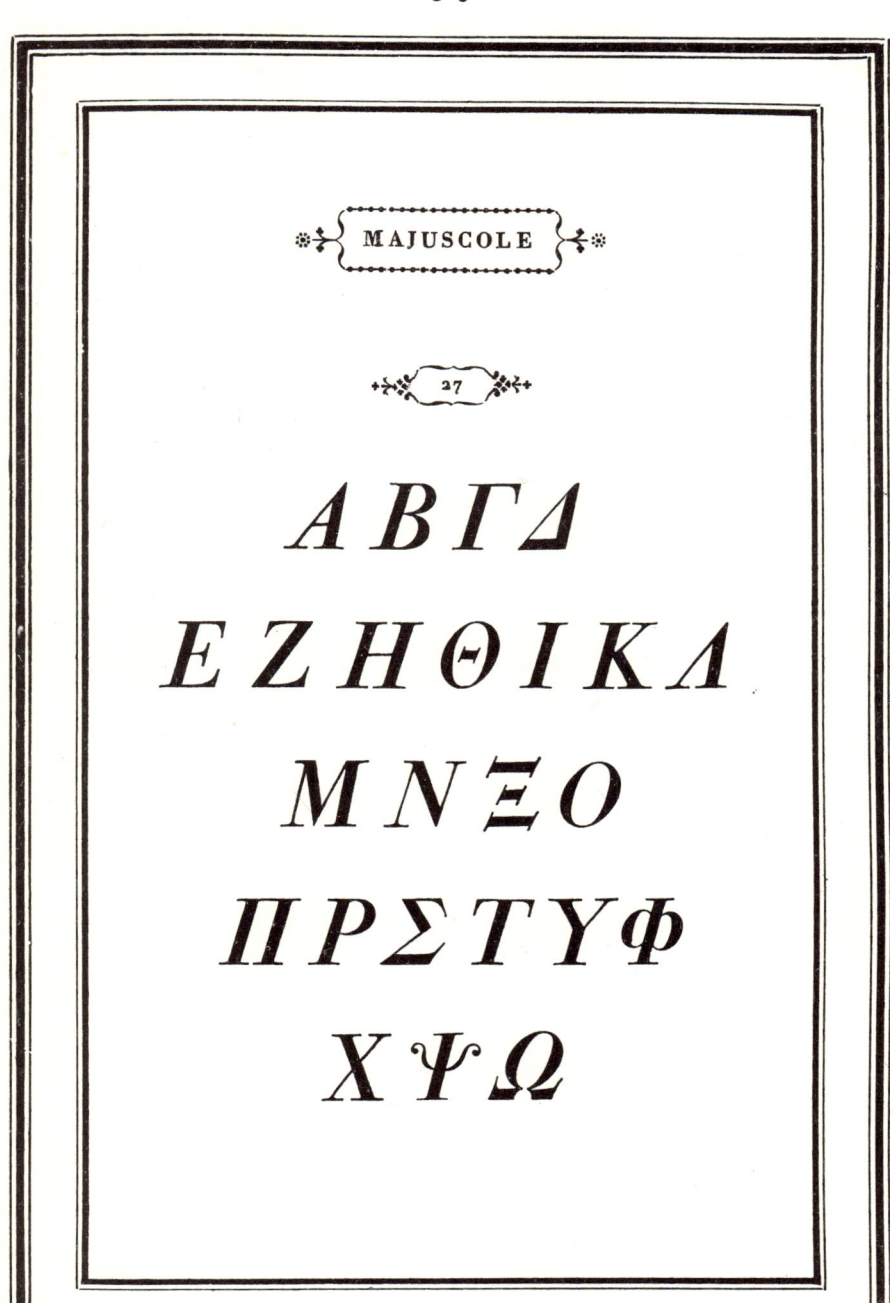

MAJUSCOLE

28

ΑΒΓΔ
ΕΖΗΘΙΚΛ
ΜΝΞΟ
ΠΡΣΤΥΦ
ΧΨΩ

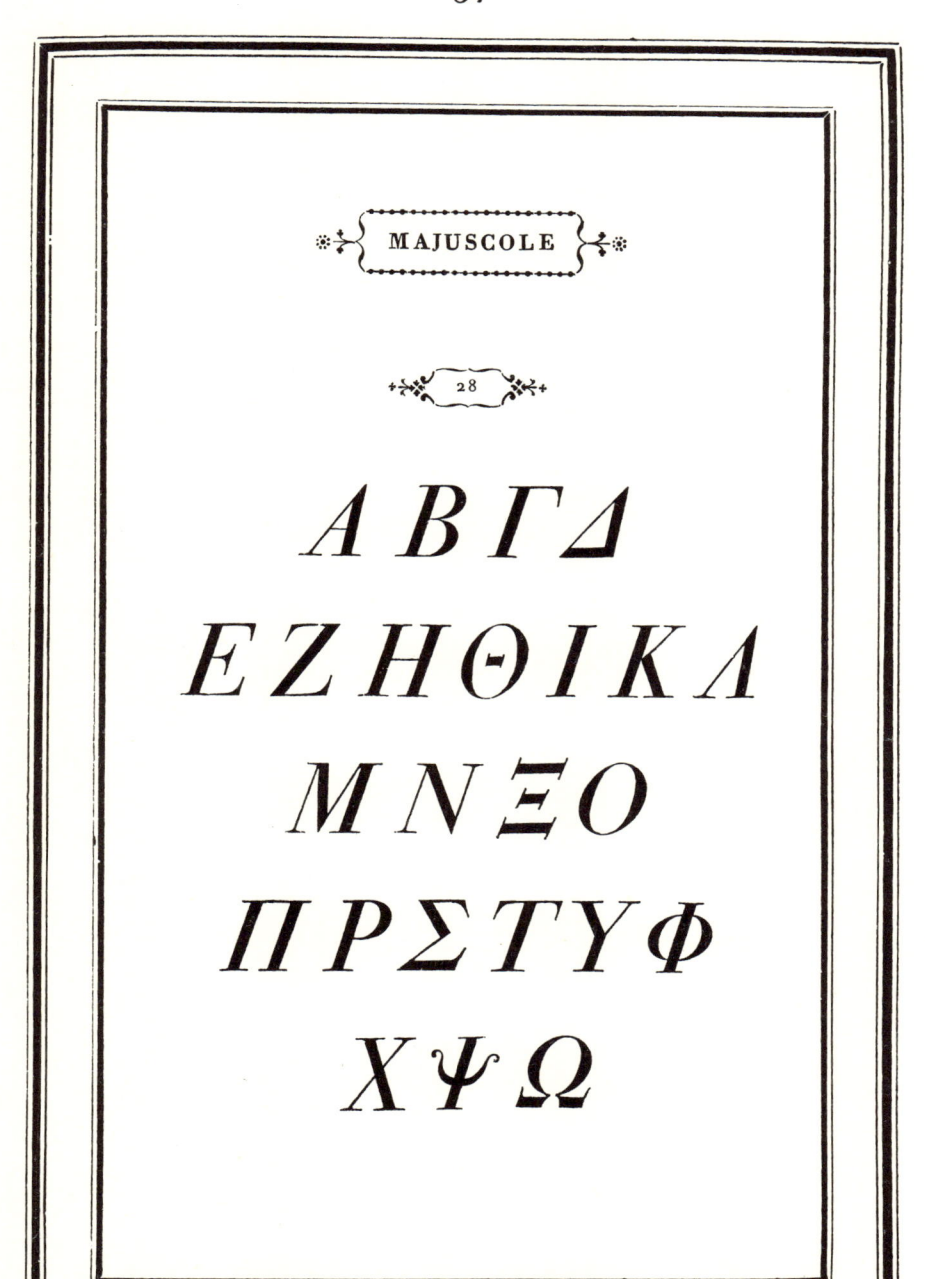

MAJUSCOLE

29

ΑΒΓΔΕ
ΖΗΘΙΚΛ
ΜΝΞΟ
ΠΡΣΤΥΦ
ΧΨΩ

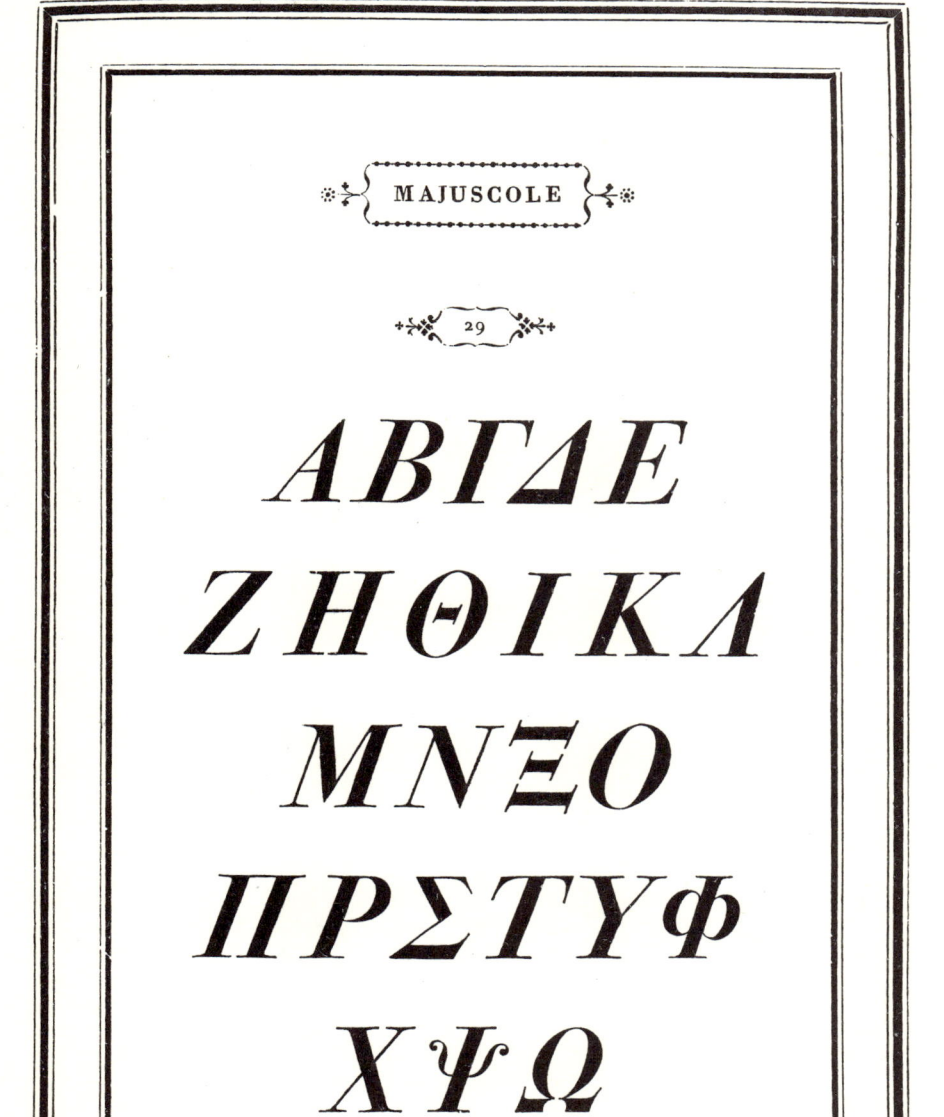

MAJUSCOLE

30

ΑΒΓΔΕ
ΖΗΘΙΚΛ
ΜΝΞΟ
ΠΡΣΤΥΦ
ΧΨΩ

MAJUSCOLE

31

ΑΒΓΔ
ΕΖΗΘΙ
ΚΛΜ

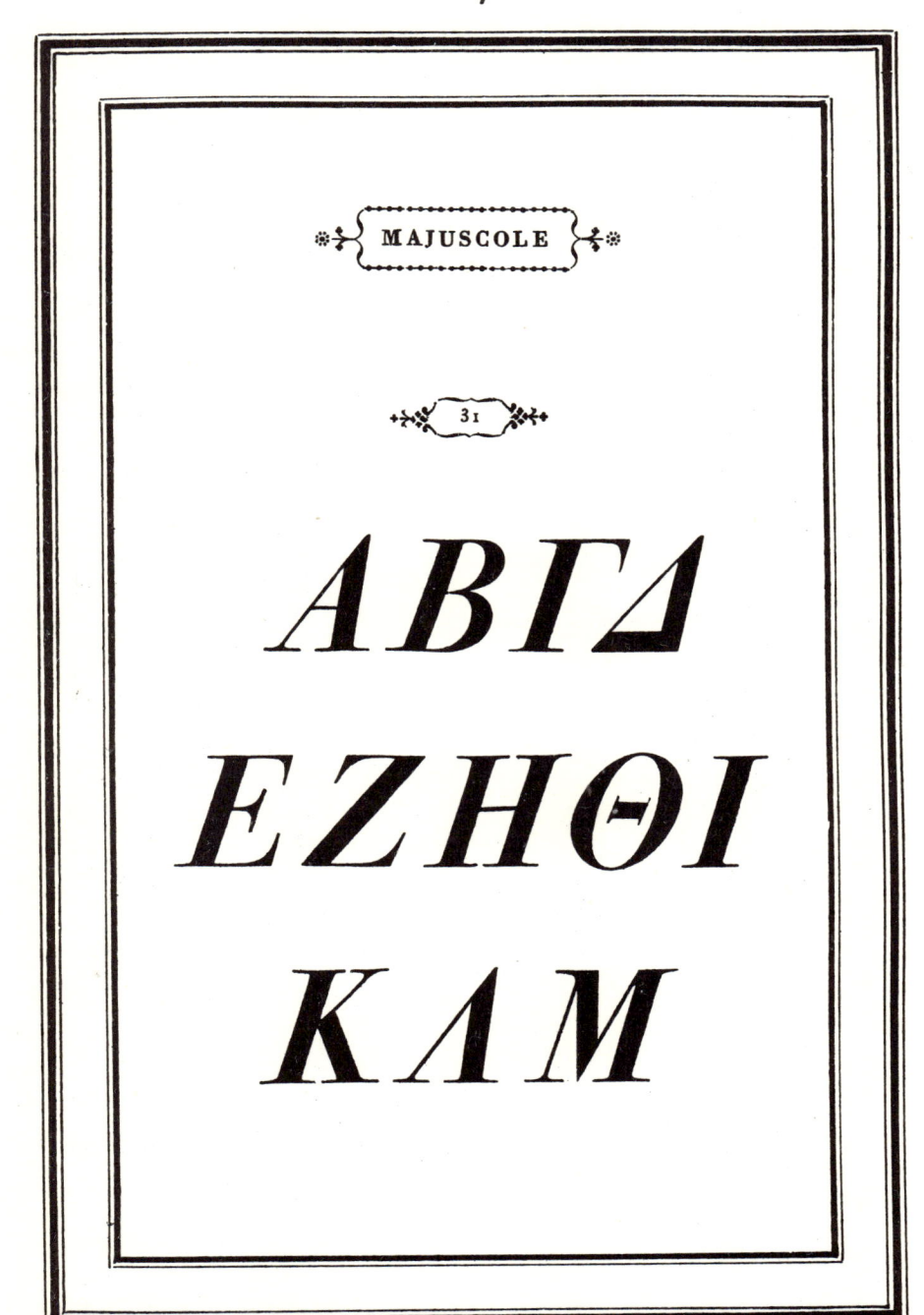

MAJUSCOLE

31

ΝΞΟΠ

ΡΣΤΥΦ

ΧΨΩ

MAJUSCOLE

32

ΑΒΓΔ
ΕΖΗΘΙ
ΚΛΜ

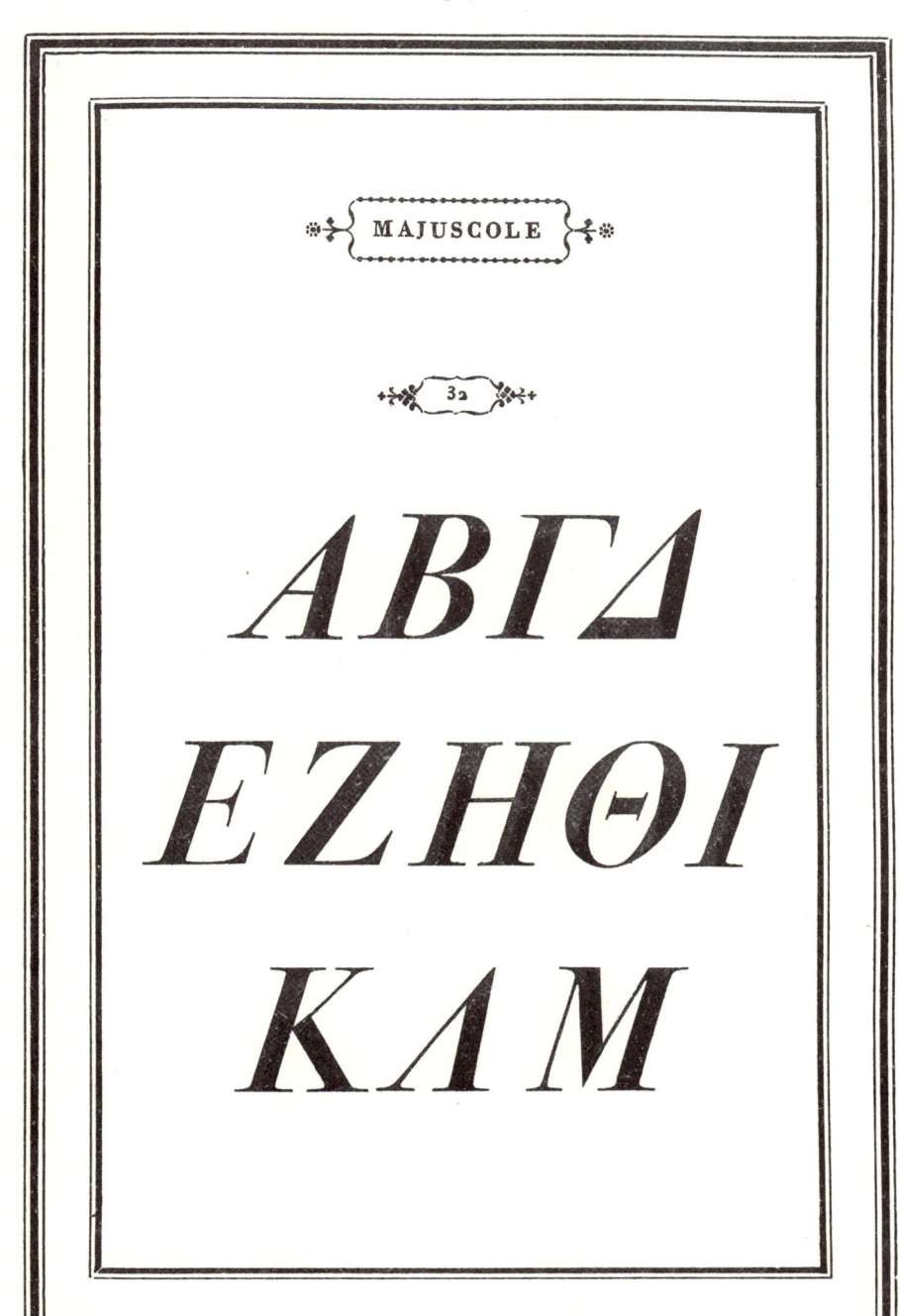

MAJUSCOLE

32

ΝΞΟΠ
ΡΣΤΥΦ
ΧΨΩ

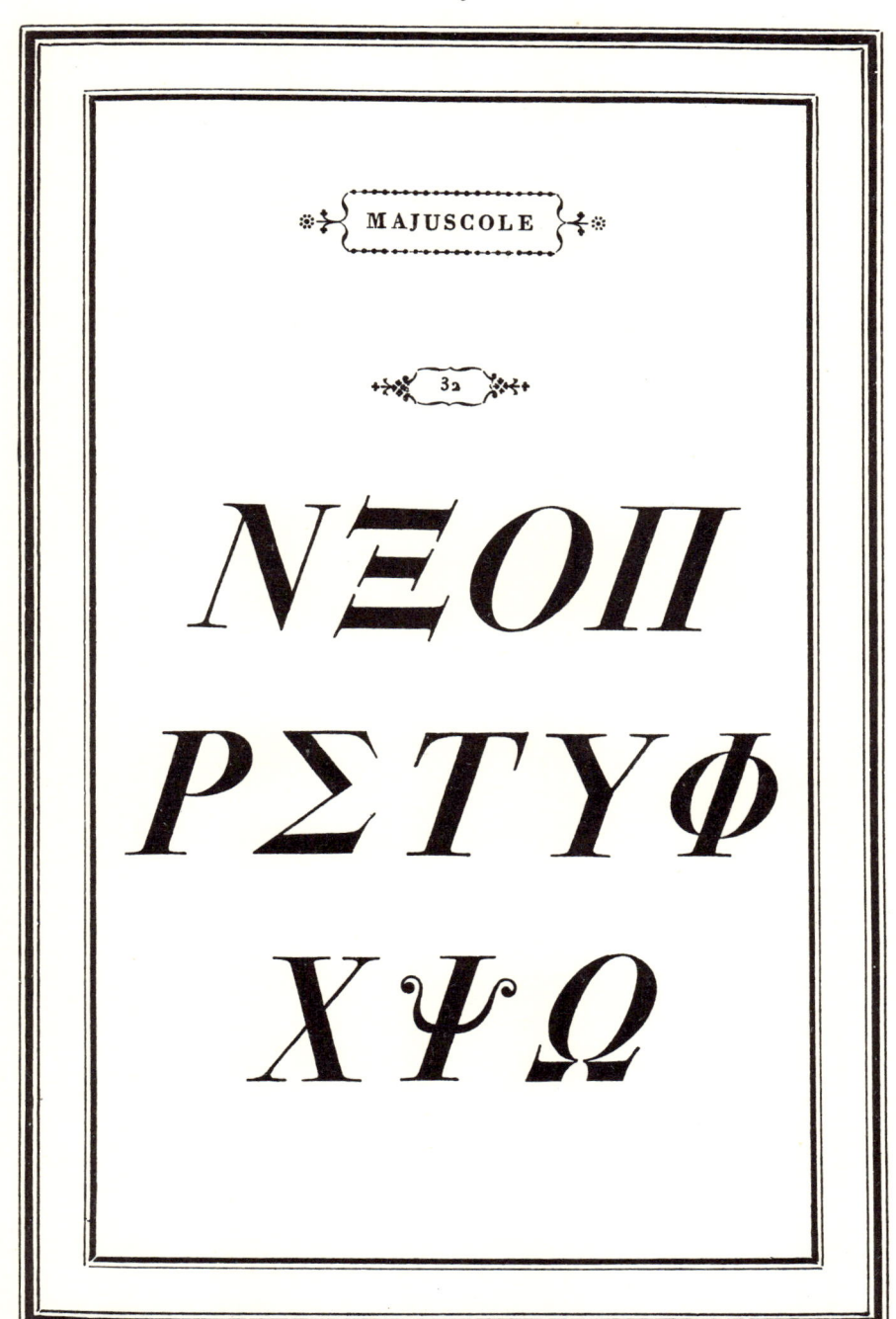

MAJUSCOLE

33

ΑΒΓΔ
ΕΖΗΘ
ΙΚΛΜ

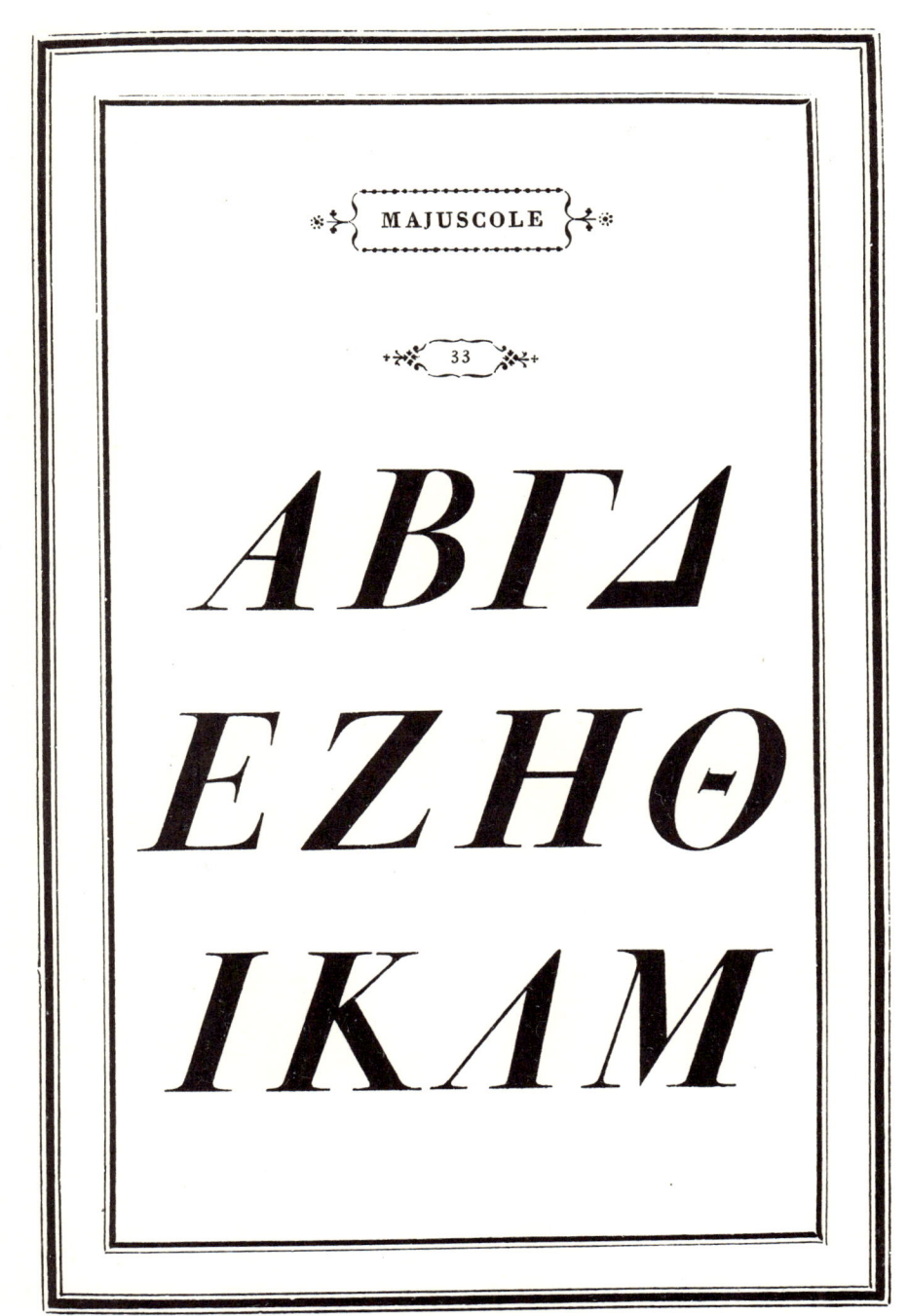

MAJUSCOLE

33

ΝΞΟΠ
ΡΣΤΥ
ΦΧΨΩ

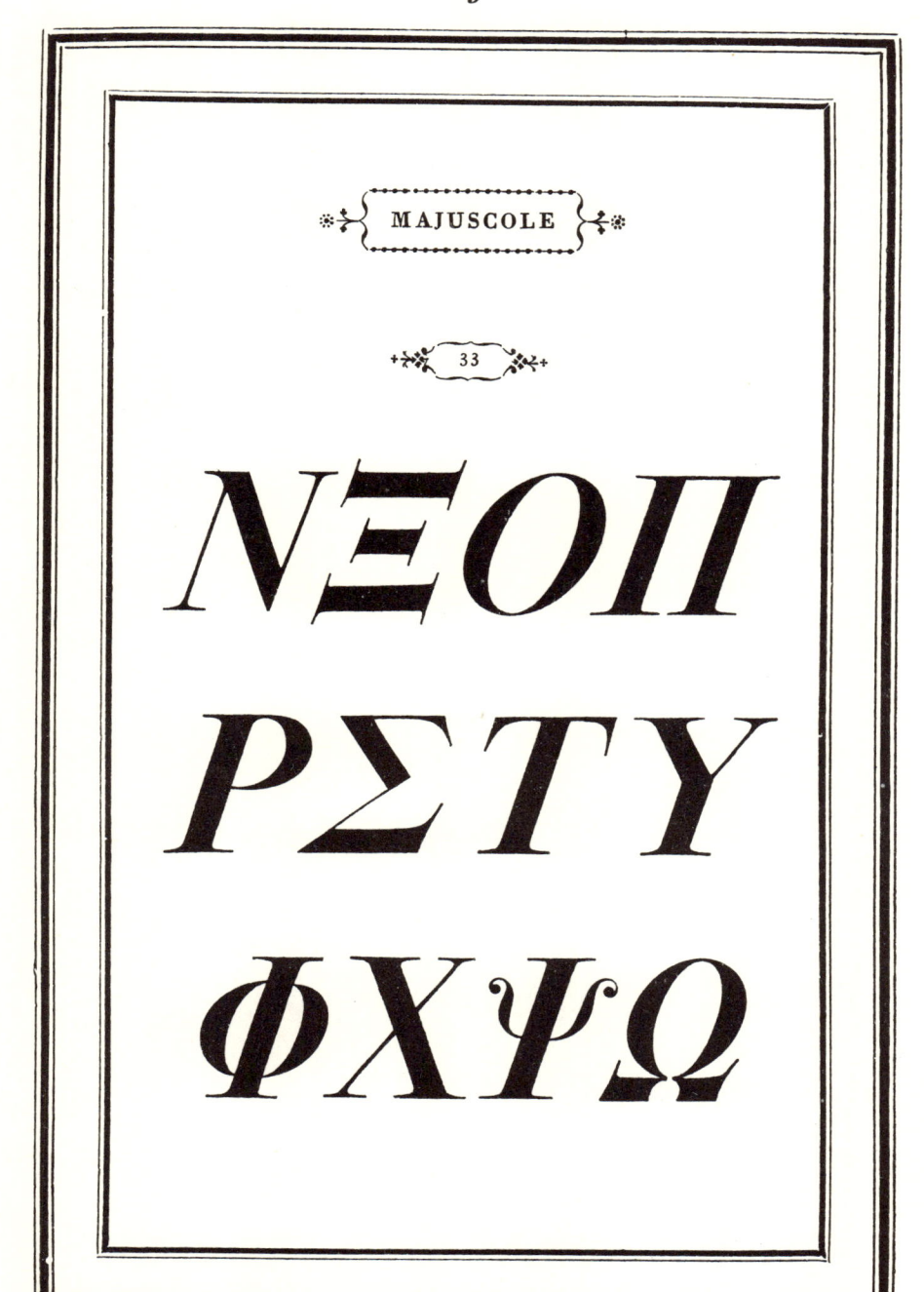

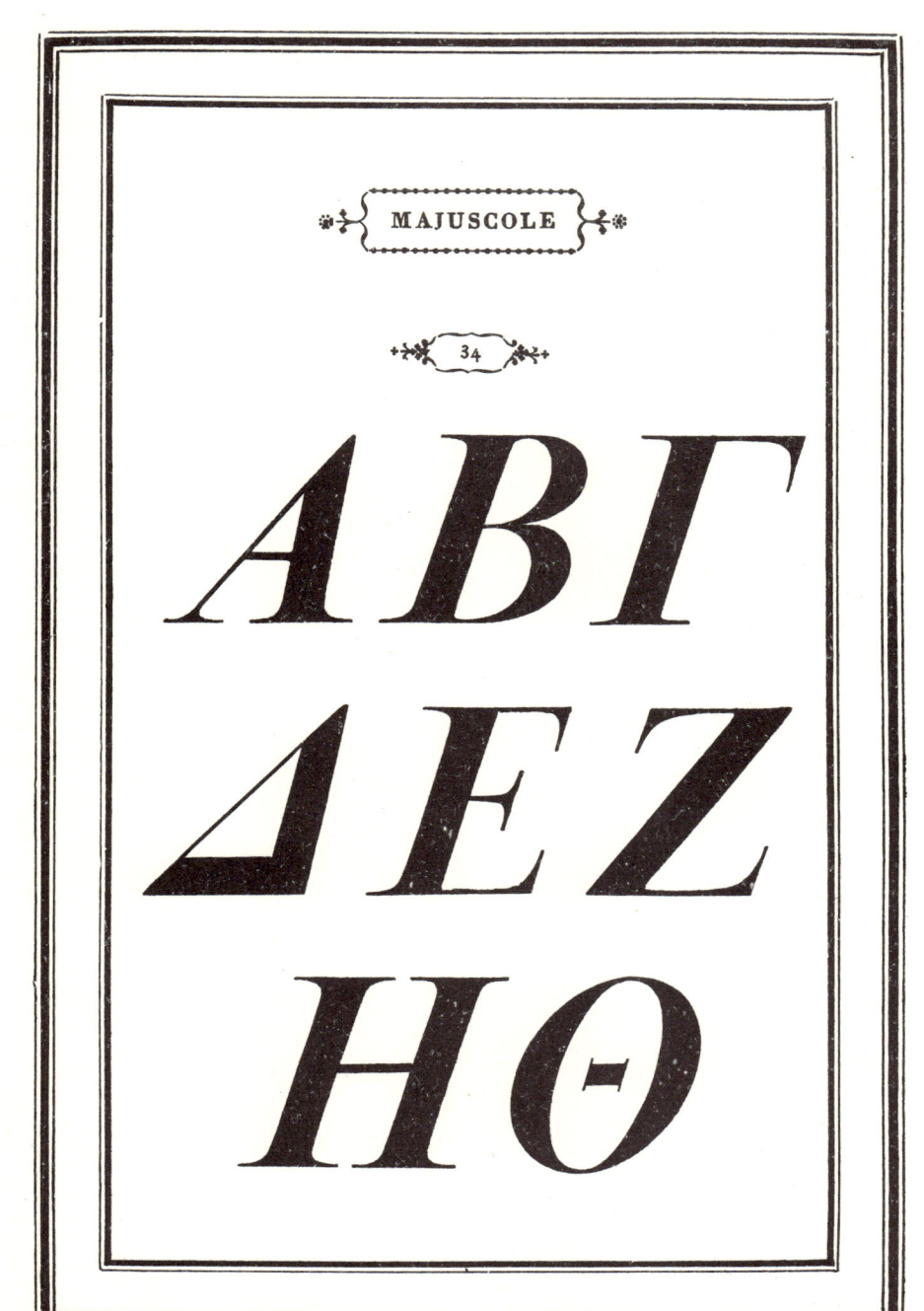

MAJUSCOLE

34

ΑΒΓ
ΔΕΖ
ΗΘ

MAJUSCOLE

34

IKΛ
MNΞ
OΠ

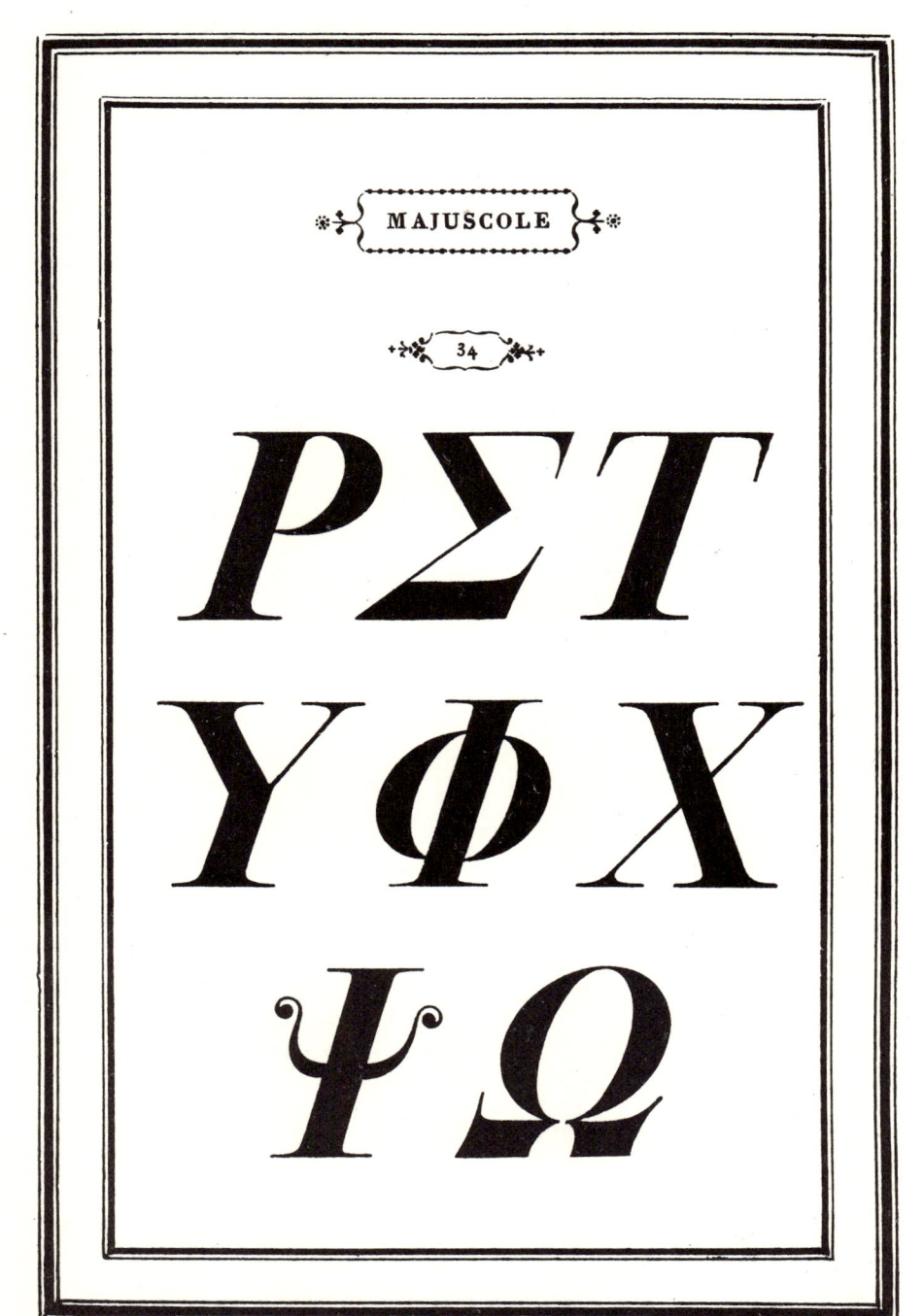

MAJUSCOLE

34

ΡΣΤ
ΥΦΧ
ΨΩ

ALTRI ESOTICI.

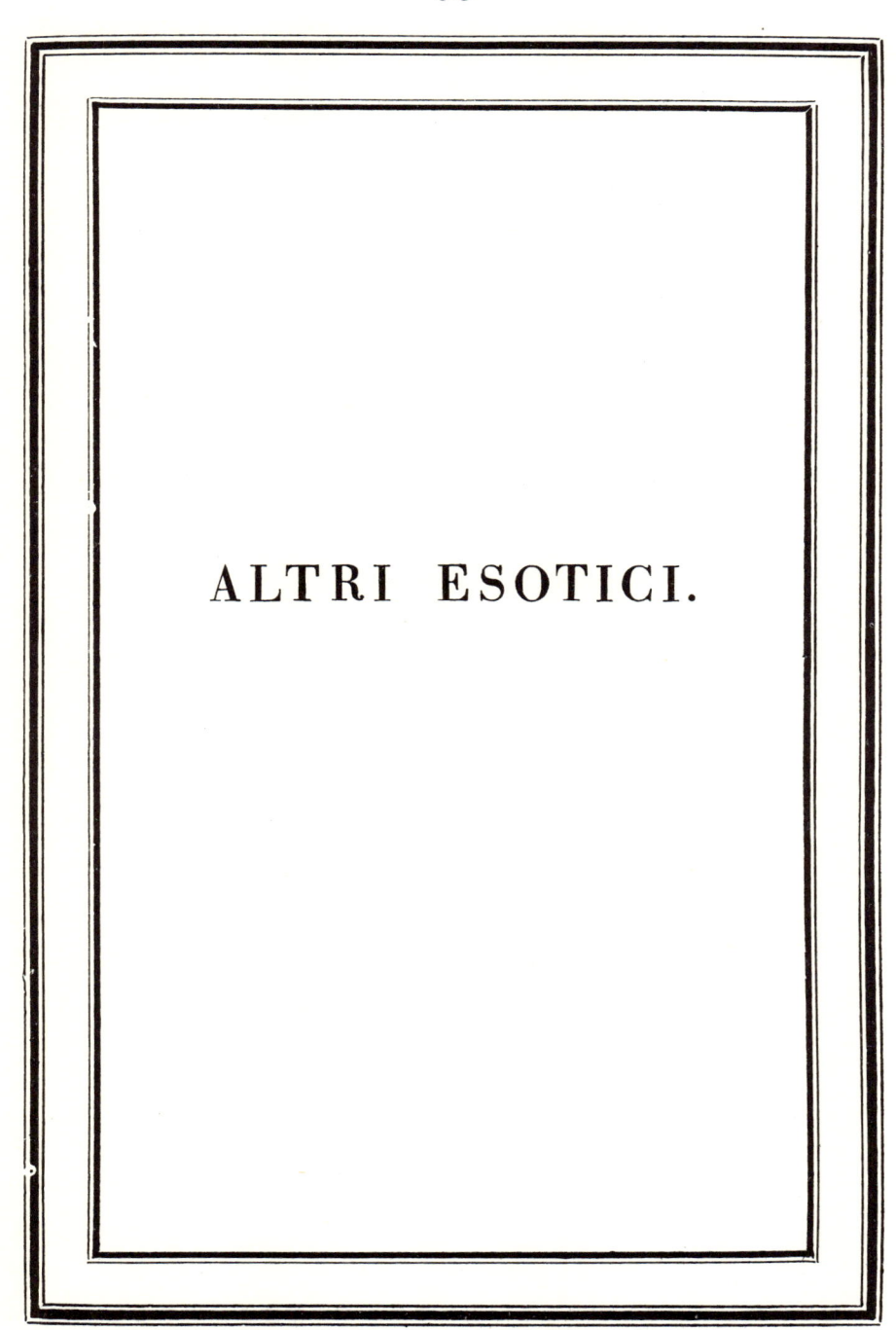

EBRAICO

1

אבינו שבשמים : יתקדש שמך : תבא מלכותך : יעשה רצונך : כאשר בשמים כן בארץ : לחמנו תמידי תן לנו היום : ומחול לנו חובותינו כאשר אנו מוחלים לחיבים לנו : ואל תביאנו לידי נסיון : ותצילנו מכל רע : אמן :

2

אבינו אשר בשמים : יתקדש שמך : תנוא מלכותך : יהי רצונך כאשר בשמים וכן בארץ : לחמנו דבר יום ביום תן לנו היום : וסלח לנו את חובותינו כאשר אנחנו סלחנו לבעלי חובותינו : ואל תביאנו לנסיון : כי אם הצילנו מרע : אמן :

3

אבינו שבשמים : יתקדש שמך : תבא מלכותך : יעשה רצונך באשר בשמים כן בארץ : לחמנו תמידי תן לנו היום : ומחול לנו חובותינו כאשר אנו מוחלים לחיבים לנו : ואל תביאנו לידי נסיון : ותצילנו מכל רע : אמן :

1. Sul Testino. 2. Sul Garamone. 3. Sulla Filosofia.

EBRAICO

4

אבינו שבשמים: יתקדש שמך: תבא
מלכותך: יעשה רצונך כאשר בשמים כן
בארץ: לחמנו תמידי תן לנו היום: ומחול
לנו חובותינו כאשר אנו מוחלים לחיבים
לנו: ואל תביאנו לידי נסיון: ותצילנו מכל
רע: אמן:

5

אבינו שבשמים: יתקדש שמך: תבא
מלכותך: יעשה רצונך כאשר בשמים
כן בארץ: לחמנו תמידי תן לנו היום:
ומחול לנו חובותינו כאשר אנו מוחלים
לחיבים לנו: ואל תביאנו לידי נסיון:
ותצילנו מכל רע: אמן:

4. Sulla Lettura. 5. Sul Silvio.

EBRAICO

6

אָבִינוּ אֲשֶׁר בַּשָּׁמָיִם : יִקָּדֵשׁ
שְׁמֶךָ : תָּבוֹא מַלְכוּתֶךָ : יְהִי
רְצוֹנְךָ כָּאֲשֶׁר בַּשָּׁמַיִם וְכֵן
בָּאָרֶץ : לַחְמֵנוּ דְּבַר יוֹם בְּיוֹם
תֵּן לָנוּ הָיּוֹם : וּסְלַח לָנוּ אֶת
חוֹבוֹתֵינוּ כַּאֲשֶׁר אֲנַחְנוּ סָלַחְנוּ
לְבַעֲלֵי חוֹבוֹתֵינוּ : וְאַל תְּבִיאֵנוּ
לְנִסָּיוֹן : כִּי אִם הַצִּילֵנוּ מֵרָע :
אָמֵן :

Sul Soprasilvio.

I punti sotto le lettere sono mobili, e fusi sul Testino.

EBRAICO

7

אבינו שבשמים: יתקדש שמך: תבא מלכותך: יעשה רצונך כאשר בשמים כן בארץ: לחמנו תמידי תן לנו היום: ומחול לנו חובותינו כאשר אנו מוחלים לחיבים לנו: ואל תביאנו לידי נסיון: ותצילנו מכל רע: אמן:

Sul Testo.

EBREO-TEDESCO

אבינו שבשמים: יתקדש שמך:
תבא מלכותך: יעשה רצונך
כאשר בשמים כן בארץ: לחמנו
תמידי תן לנו היום: ומחול לנו
חובותינו כאשר אנו מוחלים
לחיבים לנו: ואל תביאנו לידי נסיון
והצילנו מכל רע: אמן:

Sul Soprasilvio.

RABBINICO

1

אבינו שבשמים : יתקדש שמך : תבא מלכותך :
יעשה רצונך בארץ כאשר בשמים : ותן לנו היום לחם
חוקנו : ומחול לנו את חובותינו כמו שגם אנחנו מוחלים
לחייבים אלינו : ואל תביאנו לידי נסיון : והצילנו מכל
רע : אמן :

ב

אבינו שבשמים . יתקדש שמך . תבא
מלכותך . יעשה רצונך בארץ כאשר בשמים .
ותן לנו היום לחם חוקנו . ומחול לנו את
חובותינו כמו שגם אנחנו מוחלים לחייבים
אלינו . ואל תביאנו לידי נסיון . והצילנו מכל
רע . אמן.

1. Sulla Lettura. 2. Sul Silvio.

RABBINICO

3

אבינו שבשמים . יתקדש שמך.
תבא מלכותך . יעשה רצונך כן
בארץ כאשר בשמים. ותן לנו היום
לחם חוקנו . ומחול לנו את חובותינו
כמו שגם אנחנו מוחלים לחייבים
אלינו. ואל תביאנו לידי נסיון. והצילנו
מכל רע. אמן.

Sul Soprasilvio.

CALDAICO

1

ܐܒܐ ܓܒܪܐ: ܠܫܘܫܢ ܐܡܪ:
ܕܒܝܬ ܡܠܟܘܬܟ: ܢܗܘܐ ܝܬܝܪ ܪܒܐ
ܣܥܪ ܪܒܐ ܒܐܬܪܐ: ܗܕ ܠܝ
ܠܒܐ ܓܒܪܐ ܪܒܐ: ܘܬܩܝܦ
ܠܝ ܣܓܝ ܪܒܐ ܐܝ ܬܩܝܦ ܠܣܝܦ:

2

ܐܒܐ ܓܒܪܐ ܐܠܘܝ: ܠܫܘܫܢ
ܐܡܪ: ܕܒܝܬ ܡܠܟܘܬܟܝ:
ܢܗܘܐ ܝܬܝܪ ܪܒܐ ܣܥܪܐ
ܪܒܐ ܒܐܬܪܐ: ܗܕ ܠܝ
ܠܒܐ ܓܒܪܐ ܬܩܝܦܐ:

1. Sul Silvio. 2. Sul Soprasilvio.

SIRIACO

1

ܐܡܢ ܕܩܪܝܢܐ: ܠܐܡܝܢ ܥܘܢܝ: ܐܝܠ ܡܟܬܒܢܘܪ:
ܠܗܘܐ ܘܚܠܝܘ ܐܝܢܐ ܕܩܪܝܢܐ ܐܘ ܟܬܒܐ: ܗܘ ܠܝ
ܚܝܐ ܕܗܘܝܘܬܝ ܘܡܕܥܐ: ܘܡܩܒܘܡ ܠܝ ܟܘܠܝܘ
ܘܣܟܘܡܝ ܐܝܢܐ ܕܐܦ ܠܝ ܠܥܨܒܝ ܚܟܝܡܐ: ܗܠܘ
ܠܐܟܠ ܚܟܘܡܕܢܐ: ܐܠܐ ܗܝ ܡܢ ܚܡܐ: ܡܕܗܠܐ ܕܕܚܠܘ

2

ܐܡܢ ܕܩܪܝܢܐ: ܠܐܡܝܢ ܥܘܢܝ: ܠܠܠܐ
ܡܟܬܒܢܠܪ: ܠܗܘܐ ܘܚܠܝܐ ܐܢܐ ܕܩܪܝܢܐ ܐܘ
ܟܬܒܐ: ܗܘ ܠܝ ܚܝܐ ܕܗܘܝܘܬܝ ܘܡܕܥܐ:
ܘܡܩܒܘܡ ܠܝ ܟܘܠܝܘ ܘܣܟܘܡܝ ܐܢܐ ܕܐܦ
ܠܝ ܠܥܨܒܝ ܚܟܝܡܐ: ܗܠܘ ܠܐܟܠ ܚܟܘܡܕܢܐ:

1. Sulla Lettura. 2. Sul Silvio.

SIRIACO

3

ܐܒܘܢ ܕܒܫܡܝܐ: ܢܬܩܕܫ
ܫܡܟ: ܬܐܬܐ ܡܠܟܘܬܟ: ܢܗܘܐ
ܨܒܝܢܟ ܐܝܟܢܐ ܕܒܫܡܝܐ ܐܦ
ܒܐܪܥܐ: ܗܒ ܠܢ ܠܚܡܐ
ܕܣܘܢܩܢܢ ܝܘܡܢܐ: ܘܫܒܘܩ
ܠܢ ܚܘܒܝܢ ܘܚܛܗܝܢ ܐܝܟܢܐ
ܕܐܦ ܚܢܢ ܫܒܩܢ ܠܚܝܒܝܢ: ܘܠܐ
ܬܥܠܢ ܠܢܣܝܘܢܐ: ܐܠܐ ܦܨܢ ܡܢ

Sul Testo.

SIRO-ESTRANGH.

1

ܐܝܟܢ ܕܟܬܒܬܐ ܠܡܕܢܚܐ ܐܬܝ ܠܗܕܐ
ܬܟܬܒܢܗܝ ܢܥܒܕ ܐܝܟ ܐܝܟܢ ܕܟܬܒܬܐ
ܐܦ ܒܐܘܪܚܐ ܢܩܒܠ ܚܝܠܐ ܕܫܡܫܐ
ܡܬܟܢܫܐ ܘܡܬܚܡܬ ܠܝ ܐܝܟܗܝ ܕܐܣܛܠܝ
ܐܝܟܢܐ ܕܐܦ ܥܠ ܐܝܟܢ ܟܣܝܢܝ ܠܐ ܐܬܐ

2

ܐܝܟܢ ܕܟܬܒܬܐ ܠܡܕܢܚܐ ܐܬܝ
ܠܗܕܐ ܬܟܬܒܢܗܝ ܢܥܒܕ ܐܝܟ
ܐܝܟܢܐ ܕܟܬܒܬܐ ܐܦ ܒܐܘܪܚܐ
ܢܩܒܠ ܚܝܠܐ ܕܫܡܫܐ ܡܬܟܢܫܐ
ܘܡܬܚܡܬ ܠܝ ܐܝܟܗܝ ܕܐܣܛܠܝ

1. Sul Garamone. 2. Sul Silvio.

SIRO-ESTRANGH.

3

ܐܒܐ ܕܒܫܡܝܐ
ܢܬܩܕܫ ܫܡܟ
ܬܐܬܐ ܡܠܟܘܬܟ
ܢܗܘܐ ܨܒܝܢܟ ܐܝܟܢܐ
ܕܒܫܡܝܐ ܐܦ
ܒܐܪܥܐ ܗܒ ܠܢ
ܠܚܡܐ ܕܣܘܢܩܢܢ
ܝܘܡܢܐ ܘܫܒܘܩ
ܠܢ ܚܘܒܝܢ ܘܚܛܗܝܢ

Sul Testo.

SAMARITANO

1

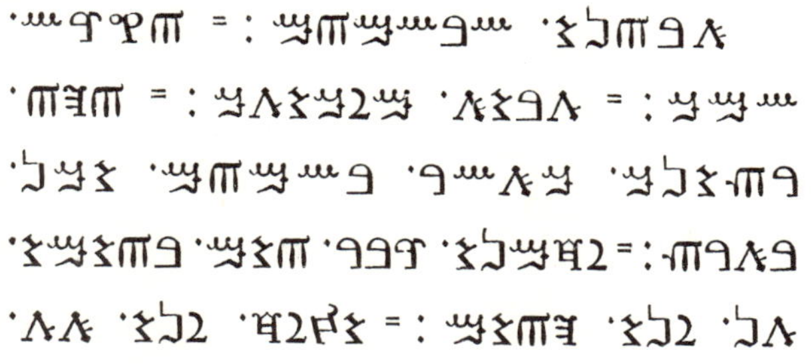

[Samaritan script text, 5 lines]

2

[Samaritan script text, 5 lines]

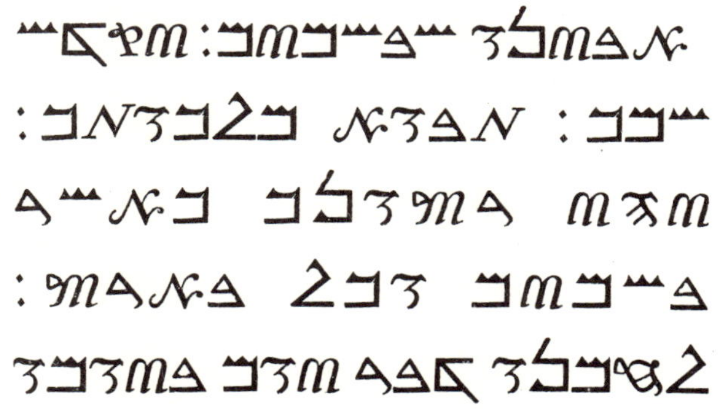

1. Sul Silvio. 2. Sul Soprasilvio.

ARABO

1

ابونا الّذي في السموات ، يتقدس
اسمك ، تاتي ملكوتك ، تكون مشيئتك
كما في السما كذلك على الارض ، اعطنا
خبزنا الجوهري كفاة يومنا ، واغفر لنا
ذنوبنا وخطايانا كما نغفر نحن لمن اخطا

2

ابانا الذي في السموات ☼
ليتقدس اسمك ☼ لتات
ملكوتك ☼ لتكن
مشيتك كما في السماء

1. Sul Silvio. 2. Sul Testo.

TURCO

بزم بابامز كه گوگلرده سبين ، سنك
ادك مقدس اولسون ، سنك ملكوتك
كلسون ، سنك ارادنـــك اولسون بچاه كه
كوكده دخی يبرده ، هركونكه بزم
اتمكـــمزي وير بزه بـوكون ، وبـزم
بورجلرومزي بزه بغشله بچاه كه بز دخی بزم
بورجلولرومزه بغشلرز ، وبزي نجربيه اد خال
ايتمه ، لكـيـن شربردن بزي نجـات ايله ،
آمين ☆

Sul Silvio.

TARTARO

يا اتامزكه يوكسك كوكده سن، ادك اري اولسون، پادشاهلغك كلسون، بويرقلرك اتمش اولسون كوكده كبي دخي يرده، هر كونكي اكمكمزي ويربزه بو كون، وبورجلرمزي بزه بغشله نچكي بز دخي

Sul Testo.

TARTARO
MANTCHOU

Sul Soprasilvio.

PERSIANO

1

ای پادر ما که در اسمانی، پاك باشد نام
تو، بیاید پادشاهی تو، شود خواست تو
همچنانکه در اسمان نیز در زمین ، بده مارا
امروز نان کفاف روز مارا، ودرگذار مارا کناهان
ما چنانکه ما نیز میگذاریم غرمان مارا، ودر

2

ابونا الذی فی السموات،
یتقدس اسمك تاتِ ملکوتك،
تکن مشیتك کما فی السما وعلی
الارض، خبزنا کفافنا اعطنا ی

1. Sul Silvio. 2. Sul Soprasilvio.

ETIOPICO

አቡነ ፡ ዘበሰማያት ፡ ይትቀደስ ፡
ስምከ ፡፡ ትምጻእ ፡ መንግሥትከ ፡፡
ወይኩን ፡ ፈቃድከ ፡ በከመ ፡ በሰማይ ፡
ከማሁ ፡ በምድርኒ ፡፡ ሲሳየነ ፡ ዘለለ ፡
ዕለትነ ፡ ሀበነ ፡ ዮም ፡፡ ወኅድግ ፡ ለነ ፡
አበሳነ ፡ ወጌጋየነ ፡ ከመ ፡ ንሕነኒ ፡
ንኅድግ ፡ ለዘ ፡ አበሰ ፡ ለነ ፡፡ ወኢታብአነ ፡
ውስተ ፡ መንሱት ፡፡ አላ ፡ አድኅነነ ፡
ወባልሐነ ፡ እምኵሉ ፡ እኩይ ፡፡
አሜን ፡፡

1. Sul Silvio.

COFTO

I

Ⲡⲉⲛⲉⲓⲱⲧ ⲉⲧϩⲛ ⲙⲡⲏⲩⲉ· ⲙⲁⲣⲉⲡⲉ-
ⲕⲣⲁⲛ ⲟⲩⲟⲡ. ⲧⲉⲕⲙⲛ̄ⲧⲉⲣⲟ ⲙⲁⲣⲉⲥⲉⲓ.
Ⲡⲉⲕⲟⲩⲱϣ ⲙⲁⲣⲉϥϣⲱⲡⲉ ⲛⲑⲉ ⲉⲧⲉϥϩⲛ̄
ϯⲡⲉ ⲛ̄ϥϣⲱⲡⲉ ⲟⲛ ϩⲓϫⲙ ⲡⲕⲁϩ. Ⲡⲉ-
ⲛⲟⲓⲕ ⲉⲧⲛⲏⲩ ϯⲙⲙⲟϥ ⲛⲁⲛ ⲙⲡⲟⲟⲩ.
Ⲕⲱ ⲛⲁⲛ ⲉⲃⲟⲗ ⲛⲛⲉⲧⲉⲣⲟⲛ. Ⲛⲑⲉ ϩⲱ-

SUE MAJUSCOLE

Ⲁ Ⲃ Ⲅ Ⲇ Ⲉ Ⲋ Ⲍ Ⲏ Ⲑ Ⲓ Ⲕ Ⲗ Ⲙ Ⲛ
Ⲝ Ⲟ Ⲡ Ⲣ Ⲥ Ⲧ Ⲩ Ⲫ Ⲭ Ⲯ Ⲱ
Ϣ Ϥ Ϧ Ϩ Ϫ Ϭ Ϯ

Sul Silvio.

COFTO

2

Ⲡⲉⲛⲓⲱⲧ ⲉⲧϧⲉⲛ ⲛⲓⲫⲏⲟⲩⲓ̀.
Ⲙⲁⲣⲉϥⲧⲟⲩⲃⲟ ǹϫⲉ ⲡⲉⲕⲣⲁⲛ.
Ⲙⲁⲣⲉⲥⲓ̀ ǹϫⲉ ⲧⲉⲕⲙⲉⲧⲟⲩⲣⲟ.
Ⲡⲉⲧⲉϩⲛⲁⲕ ⲙⲁⲣⲉϥϣⲱⲡⲓ ⲙ̀ⲫ=
ⲣⲏϯ ϧⲉⲛ ⲧⲫⲉ ⲛⲉⲙ ϩⲓϫⲉⲛ

SUE MAJUSCOLE

ⲀⲂⲄⲆⲈⲌⲎⲐⲒⲔⲖ
ⲘⲚⲜⲞⲠⲢⲤⲦⲨⲪⲬ
ⲮⲰϢϤϦϨϪϬϮ

Sul Testo.

ARMENO

I

Հայր մեր որ յերկինս ես. Սուրբ եղիցի
անուն քո. Եկեսցէ արքայութիւն քո.
Եղիցին կամք քո, որպէս յերկինս և
յերկրի. Զհաց մեր հանապազորդ տուր
մեզ այսօր. Եւ թող մեզ զպարտիս մեր,
որպէս և մեք թողումք մերոց պար=

SUE MAJUSCOLE

Ա Բ Գ Դ Ե Զ Է Ը Թ Ժ Ի Լ Խ Ծ Կ
Հ Ձ Ղ Ճ Մ Յ Ն Շ Ո Չ Պ Ջ Ռ Ս
Վ Տ Ր Ց Ւ Փ Ք ՈՒ Օ

Sul Silvio.

ARMENO

2

Հայր մե՛ր որ յերկինս ես,
սուրբ եղիցի անուն քո, եկեսցէ
արքայութիւն քո. Եղիցի կամ
քո որպէս յերկինս և յերկրի.

SUE MAJUSCOLE

Ա Բ Գ Դ Ե Զ Է Ը Թ Ժ Ի
Լ Խ Ծ Կ Հ Ձ Ղ Ճ Մ Յ Ն
Շ Ո Չ Պ Ջ Ռ Ս Վ Տ Ր Ց
Ւ Փ Ք Ֆ Օ

Sul Testo.

ETRUSCO

1

PATDE NOSTDO KBE SEI NE KIELI.
SANTI8IKATO SIA IL NOME TVO. VEN-
KA IL DEKNO TVO SIA 8ATTA LA VO-
LONTA TVA KOME IN KIELO KOSI IN
TEDDA. TAKKI OKKI IL NOSTDO PANE

2

PATED NOSTED KVI
ES IN KELIS. SANKTI8I=
KETVD NOMEN TVVM.
ATVENIAT DEKNVM

1. Sul Silvio. 2. Sul Testo.

FENICIO

1

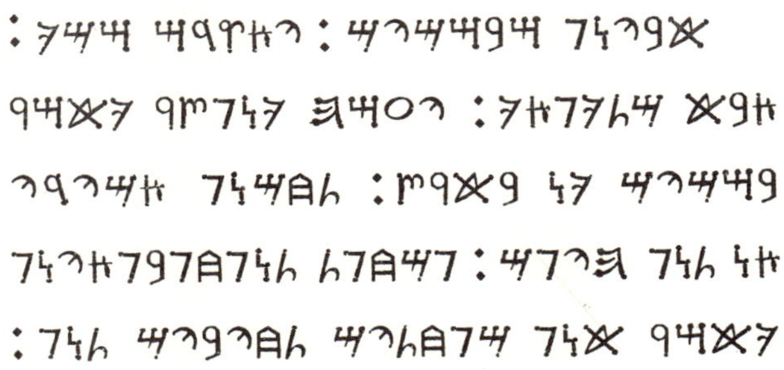

[Phoenician script text]

2

[Phoenician script text]

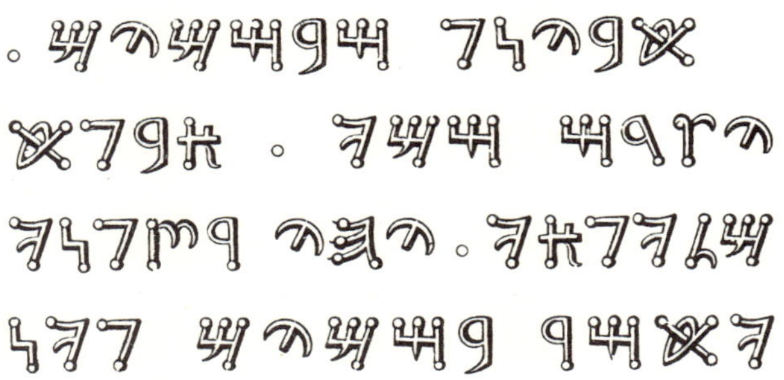

1. Sul Silvio. 2. Sul Testo.

PUNICO

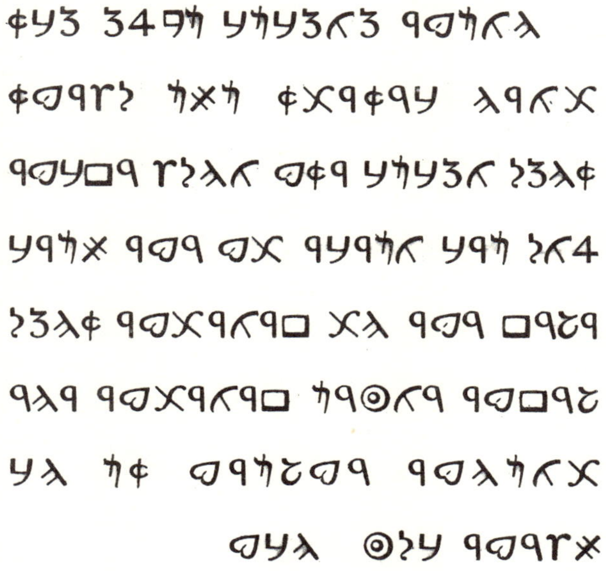

𐤒𐤄𐤍 𐤍𐤃𐤀𐤁𐤊 𐤔𐤊𐤄𐤍𐤋𐤍 𐤉𐤀𐤊𐤋𐤀
𐤒𐤀𐤉𐤓𐤍 𐤊𐤕𐤊 𐤒𐤕𐤉𐤒𐤉𐤄 𐤀𐤉𐤋𐤕
𐤉𐤀𐤄𐤅𐤉 𐤓𐤍𐤀𐤋 𐤀𐤒𐤉 𐤔𐤊𐤄𐤍𐤋 𐤍𐤍𐤀𐤒
𐤉𐤉𐤊𐤕 𐤉𐤀𐤉 𐤀𐤕 𐤉𐤉𐤉𐤊𐤋 𐤉𐤉𐤊 𐤍𐤋4
𐤍𐤍𐤀𐤒 𐤉𐤀𐤕𐤉𐤋𐤉𐤀 𐤕𐤀 𐤉𐤀𐤉 𐤁𐤉𐤃𐤉
𐤉𐤀𐤉 𐤉𐤀𐤕𐤉𐤋𐤉𐤀 𐤊𐤉𐤈𐤋𐤉 𐤉𐤀𐤁𐤉𐤃
𐤉𐤀 𐤊𐤒 𐤀𐤉𐤊𐤎𐤉𐤀 𐤉𐤀𐤀𐤊𐤋𐤕
𐤀𐤉𐤀 𐤈𐤍𐤉 𐤉𐤀𐤉𐤓𐤕

Sul Soprasilvio.

PALMIRENO

1

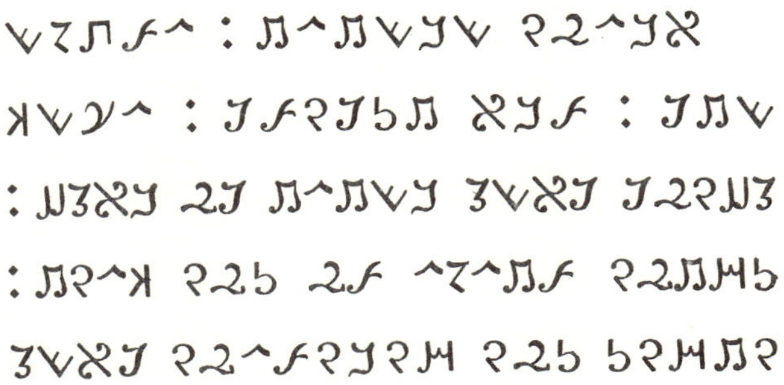

ᘜᘔᘉᖴᴧ : ᴨᴧᗷᘉᗌᘉ ᖳᘔᴧᘪᙄ
ᴧᘪᴧᴧ : ᘼᖴᘔᘼᑲᴨ ᙄᘪᖴ : ᘼᴨᘉ
: ᴨᘔᙄᘪ ᘔᘔ ᴨᴧᘉᘉᘪ ᘔᘉᙄᘪ ᘼᘔᘔᴨᘪ
: ᴨᘔᙄᴋ ᖳᘔᑲ ᘔᖴ ᴧᘔᴨᖴ ᖳᘔᴨᕼᑲ
ᘔᘉᙄᘪ ᖳᘔᴧᖴᘼᘪᘔᕼ ᖳᘔᑲ ᑲᖳᴨᘼᘔ

2

· ᴨᗌᘉᘪᘪ ᖳᘔᘪᴋ
ᴋᖳᘪᖴ · ᘼᴨᘉ ᘜᘔᴨᖴ
ᘼᘔᘔᴨᘵ ᗌᴋ · ᘼᖴᘔᘼᑲᴨ
ᘔᘼᗌ ᴨᗌᘉᘪᘪ ᘼᘔᘔᘪ

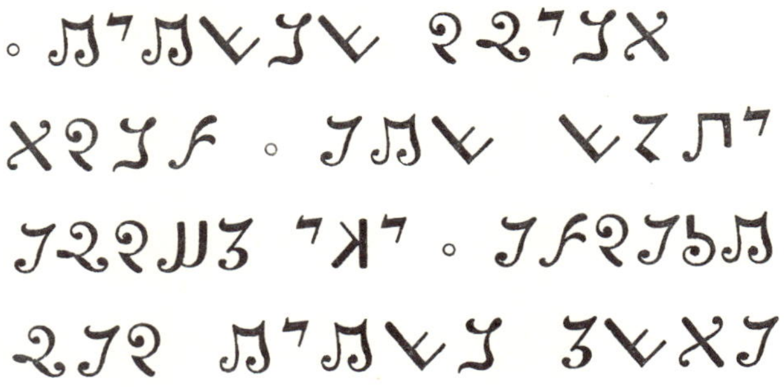

1. Sul Silvio. 2. Sul Testo.

SERVIANO
DI S. CIRILLO

Ѻ́тче на́шъ, и҆̏же е҆̑си на̀ не-
бесѣ́хъ: Да̀ свѧти́тсѧ и҆̏мѧ
твоѐ: Да̀ прїи́детъ ца́рствїе
твоѐ: Да̀ бꙋ́детъ во́лѧ твоѧ̀
ꙗ҆̏кѡ на̀ небесѝ и҆̑ на̀ землѝ:

SUE MAJUSCOLE

АБВГДЄЖЅЗНІКЛМ
НОПРЄТȢФХЧѴШЩЪ
ЫЬѢЮѠѦѮѰѲЦѶ

Sul Testo.

ILLIRICO
DI S. GERONIMO

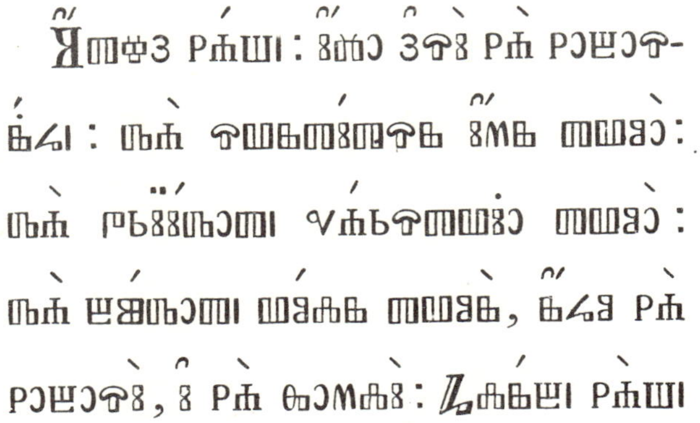

SUE MAJUSCOLE

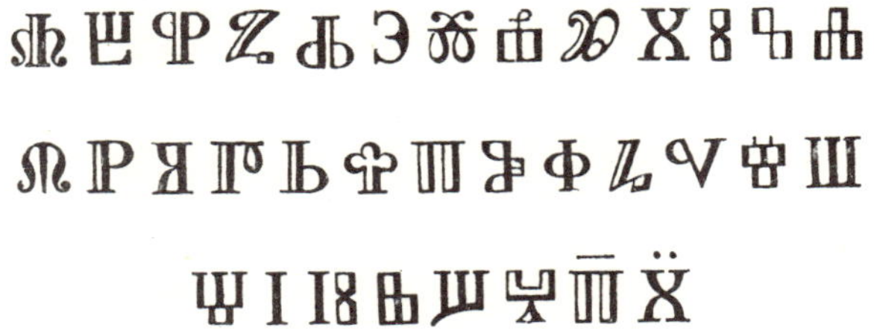

Sul Testo.

GOTICO
D'ULFILA

𐌰𐍄𐍄𐌰 𐌿𐌽𐍃𐌰𐍂 𐌸𐌿 𐌹̈𐌽 𐌷𐌹-
𐌼𐌹𐌽𐌰𐌼: 𐍅𐌴𐌹𐌷𐌽𐌰𐌹 𐌽𐌰𐌼𐍉
𐌸𐌴𐌹𐌽: 𐌵𐌹𐌼𐌰𐌹 𐌸𐌹𐌿𐌳𐌹𐌽𐌰𐍃-
𐍃𐌿𐍃 𐌸𐌴𐌹𐌽𐍃: 𐍅𐌰𐌹𐍂𐌸𐌰𐌹 𐍅𐌹𐌻-
𐌾𐌰 𐌸𐌴𐌹𐌽𐍃 𐍃𐍅𐌴 𐌹̈𐌽 𐌷𐌹𐌼𐌹𐌽𐌰
𐌾𐌰𐌷 𐌰𐌽𐌰 𐌰𐌹𐍂𐌸𐌰𐌹 𐌷𐌻𐌰𐌹𐍆
𐌿𐌽𐍃𐌰𐍂𐌰𐌽𐌰 𐌸𐌰𐌽𐌰 𐍃𐌹𐌽-
𐍄𐌴𐌹𐌽𐌰𐌽 𐌲𐌹𐍆 𐌿𐌽𐍃 𐌷𐌹𐌼𐌼𐌰-
𐌳𐌰𐌲𐌰 𐌾𐌰𐌷 𐌰𐍆𐌻𐌴𐍄 𐌿𐌽𐍃

Sul Soprasilvio.

GIORGIANO

მამაო ∵ ჩუენო ∵ რმელი ∵
ხარ ∵ ცათა ∵ შინა ∵ წმინდა ∵
იყავნ ∵ სახელი ∵ შენი ∵ მ-ვე=
დინ ∵ სუფევა ∵ შენი ∵ იყავნ ∵
ნება ∵ შენი ∵ ოს ∵ ცათა ∵ ში=
ნა ∵ ეგრე ∵ ქუეყანისა ∵ ზედა ∵
პური ∵ ჩუენი ∵ არსებისა ∵
მოგვეც ∵ ჩუენ ∵ დღეს ∵ და ∵
მ-გვიტევენ ∵ ჩუენ ∵ თანა ∵ ნდე=
ბნი ∵ ჩუენნი ∵ ოს ∵ ჩუენ ∵ მიუ=
ტეოეთ ∵ თანა ∵ მდებთა ∵ მათ ∵

Sul Testo.

TIBETANO

1

། ངེད་ རྣམས་ ཀྱི་ ཡབ་ ནམ་ མཁའི་
ཀློང་ དུ་ གཟུགས་པའི་ །ཁྱེད་ ཀྱི་ མཚན་
ཐམས་ ཅད་ ནས་ སངས་ རྒྱས་ པར་
འགྱུར་ །ཁྱེད་ཀྱི་ ཡུལ་ ཁམས་ འབྱོམ་
པར་ ཤོག །ཁྱེད་ ཀྱི་ ཐུགས་ འདོད་ ཇི་

2

། ངེད་ རྣམས་ ཀྱི་ ཡབ་ ནམ་
མཁའི་ ཀློང་ དུ་ གཟུགས་པའི་
།ཁྱེད་ ཀྱི་ མཚན་ ཐམས་ ཅད་
ནས་ སངས་ རྒྱས་ པར་ འགྱུར་

1. Sulla Filosofia. 2. Sul Testo.

BRACMANICO

ऐ बाय हमारा जो अस्मान
मो हो ः तुम्हरा नाम अस्तुति
होवे ः अबे तुम्हारा राज ः तुम्हरा
खुशी सबलोग करे ः जैसा मुकुति
मो ः तैसा जमीन मो ःः यतीहीन
रोटी हमलोगों को दीजीवो ः
बाकसो हमारा गुनाह ः जैसा
हमलोग बकसतेहैं अयने गुनाह
गा रों का ः अजमाइश मो

Sul Soprasilvio.

MALABARICO

ആകാശങ്ങളിരിക്കുന്നഞ
ങ്ങളുടെബാവാനിൻറനാമംശുദ്ധ
മാകപ്പെടേണംനിൻറെരാജ്യം
വരേണംനിൻറെമനസ്സആ
കാശത്തിലെപോലെഭൂമിയിലു
ംആകെണംഞങ്ങളുടെഅന്നന്നെഅ
പ്പംഇന്നുഞങ്ങൾക്കുതരികഞങ്ങളു
ടെകടക്കാരൊടഞങ്ങൾപൊ
റുക്കുന്നപോലെഞങ്ങളുടെകടക്കു
കൾഞങ്ങളൊടുംപൊറുക്കഞങ്ങ
ളെപരീക്ഷയിലുംപൂകിക്കല്ലായെ
വിശേഷിച്ചുതിന്മയിൽനിന്നുഞങ്ങളെ

Sul Testo.

CARATTERI
TEDESCHI, E RUSSI

TONDI E CORSIVI,

E

LORO MAJUSCOLE.

TEDESCO

I

VATTER ausar dear du bischt em hemmal, gehoyliget wearde dain nam, zuakomme dain riych. Dain will gschea uff earda as em hemmal. Ausar deglich braud gib as huyt. Und fergiab as ansre schulda, wia wiar fergeaba ausarn schuldigearn. Und fúar as net ind fersuaching, sondern erlais as fom ibal. Amen.

SUE MAJUSCOLE

A B C D E F G H J K L M N O P Q

R S T U V X Y Z W

Sulla Lettura.

TEDESCO

2

Vater unser der du bist im himmel, geheiliget werde dein name, dein reich komme. Dein wille geschehe wie im himmel,

SUE MAJUSCOLE

A B C D E F G H J K
L M N O P Q R S T
U V X Y Z W

Sull' Ascendonica.

RUSSO

1

Отче нашъ, иже еси на небесѣхъ, да святится имя твое. Да пріидетъ царствіе твое. Да будетъ воля твоя, яко на небеси, и на земли. Хлѣбъ нашъ насущный даждъ намъ днесь. И остави намъ долги наша, якоже и мы оставляемъ должникомъ нашимъ. И не введи насъ во искушеніе, но избави насъ отъ лукаваго. Аминь.

2

Отче нашЪ, иже еси на небесѣхЪ, да святится имя твое. Да пріидетЪ царствіе твое. Да будетЪ воля твоя, яко на небеси, и на земли. ХлѣбЪ нашЪ насущный даждЪ намЪ днесь. И остави намЪ долги наша, якоже и мы оставляемЪ должникомЪ нашимЪ. И не введи насЪ во искушеніе, но избави насЪ отЪ лукаваго. Аминь.

1. Sulla Filosofia. 2. Sulla Lettura.

RUSSO

3

Отче нашъ, иже еси на небесѣхъ, да святится имя твое. Да пріидетъ царствіе твое. Да будетъ воля твоя, яко на небеси, и на землй. Хлѣбъ нашъ насущный даждъ намъ днесь. И остави намъ дóлги наша, якоже и мы оставляемъ должникомъ нашимъ. И не введи насъ во искушеніе, но избави насъ отъ лукаваго. Аминь.

4

Отче нашъ, иже еси на небесѣхъ, да святится имя твое. Да пріидетъ царствіе твое. Да будетъ воля твоя, яко на небеси, и на землй. Хлѣбъ нашъ насущный даждъ намъ днесь. И остави намъ дóлги наша, якоже

3. Sulla Lettura. 4. Sul Soprasilvio.

RUSSO

5

Отче нашъ, иж еси на небесѣхъ, да святится имя твое. Да пріидетъ царствіе твое. Да будетъ воля твоя, яко на небеси, и на землѝ. Хлѣбъ нашъ насущный даждъ намъ днесь. И остави намъ до́лги наша, якоже и мы оставляемъ должникомъ нашимъ. И не введи насъ во искушеніе, но избави насъ отъ лукаваго. Аминь.

Sul Soprasilvio.

RUSSO

6

Отче нашъ, иже еси на небесѣхъ, да святится имя твое. Да пріидетъ царствіе твое. Да будетъ воля твоя, яко на небеси, и на землѝ. Хлѣбъ нашъ насущный даждъ намъ днесь. И остави намъ до́лги наша, якоже и мы оставляемъ должникомъ нашимъ. И не введи насъ во искушеніе, но избави насъ отъ лукаваго. Аминь.

Sul Testo.

RUSSO

7

Отче нашъ, иже еси на небесѣхъ, да святится имя твое. Да пріидетъ царствіе твое. Да будетъ воля твоя, яко на небеси, и на землѝ. Хлѣбъ нашъ насущный даждъ намъ днесь. И остави намъ дόлги наша, якоже и мы оставляемъ должникомъ нашимъ. И не введи насъ во искушеніе, но избави насъ отъ лукаваго. Аминь.

Sul Testo.

RUSSO

8

Отче нашъ, иже еси на небесѣхъ, да святится имя твое. Да пріидетъ царствіе твое. Да будетъ воля твоя, яко на небеси, и на земли. Хлѣбъ нашъ насущный даждъ намъ днесь. И остави намъ долги наша, якоже и мы оставляемъ должникомъ нашимъ. И не

Sull' Ascendonica.

RUSSO

9

Отче нашъ, иже еси на небесѣхъ, да святится имя твое. Да пріидетъ царствіе твое. Да будетъ воля твоя, яко на небеси, и на земли́. Хлѣбъ нашъ насущный даждъ намъ днесь. И остави намъ до́лги наша, якоже и мы оставляемъ должникомъ нашимъ.

Sulla Palestina.

RUSSO

10

Отче нашъ, иже еси на небесѣхъ, да святится имя твое. Да пріидетъ царствіе твое. Да будетъ воля твоя, яко на небеси, и на земли́. Хлѣбъ нашъ насущный даж-

Sul Canoncino.

RUSSO

II

Отче нашъ, иже еси на небесѣхъ, да святится имя твое. Да пріидетъ царствіе твое. Да будетъ воля твоя, яко на небеси, и на земли. Хлѣбъ нашъ насущный даждъ намъ днесь.

Sulla Palestina.

RUSSO

12

Отче нашъ, иже еси на небесѣхъ, да святится имя твое. Да пріидетъ царствіе твое. Да будетъ воля твоя, яко на небеси, и на земли. Хлѣбъ нашъ насущный даждъ

Sul Canoncino.

RUSSO

13

Отче нашЪ, иже есиа на небесѢхЪ, да святишся имя твое. Да пріидетЪ царствіе твое. Да будетЪ воля твоя, яко на небеси, и на земли. ХлѢбъ нашЪ

Sul Canoncino.

112

RUSSO

14

Отче нашъ, иже еси на небесѣхъ, да святится имя твое. Да пріидетъ царствіе твое. Да будетъ воля твоя, яко на небе-

Sul Canoncino.

RUSSO

15

Отче нашЪ, иже еси на небесѢхЪ, да свяшится имя швое. Да пріидешЪ царсшвіе швое. Да будешЪ во-

Sul Sopracanoncino.

RUSSO

16

Отче нашъ, иже еси на небесѣхъ, да святится имя твое. Да пріидетъ ца-

Sul Canone.

RUSSO

17

Отче нашъ,
иже еси на
небесѣхъ,
да святит-
ся имя твое.

Sul Corale.

RUSSO

18

Отче на-
шъ, иже е-
си на не-
бесѣхъ, да
святится

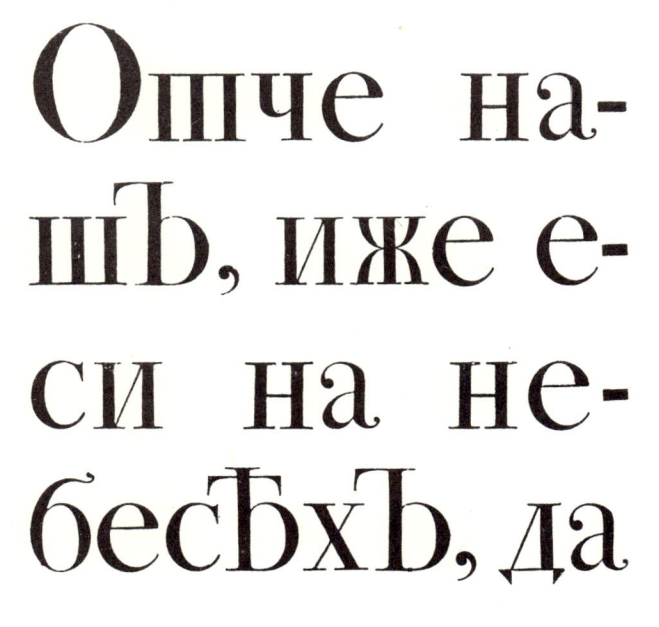

Sul Ducale.

RUSSO

19

Отче на-
шЪ, иже е-
си на не-
бесѢхЪ, да

Sul Reale.

RUSSO

20

Отче на-
шъ, иже
еси на не-
бесѣхъ,

Sull' Imperiale.

RUSSO

21

Оmче на-
шЪ, иже
еси на не-
бесѢхЪ,

Sul Papale.

RUSSO

2

Отче нашъ, иже еси на небесѣхъ, да святится имя твое. Да пріидетъ царствіе твое. Да будетъ воля твоя, яко на небеси, и на землй. Хлѣбъ нашъ насущный даждъ намъ днесь. И остави намъ дóлги наша, якоже и мы оставляемъ должникомъ нашимъ. И не введи насъ во искушеніе, но избави насъ отъ лукаваго. Аминь.

Il numero di ciascun carattere corsivo corrisponde precisamente a quello d'ogni carattere tondo, ed è gettato sullo stesso corpo.

RUSSO

II

Отче нашъ, иже еси на небесѣхъ, да святится имя твое. Да пріидетъ царствіе твое. Да будетъ воля твоя, яко на небеси, и на земли. Хлѣбъ нашъ насущный даждъ намъ

RUSSO

12

Отче нашъ, иже
еси на небесѣхъ,
да святится имя
твое. Да пріидетъ
царствіе твое. Да
будетъ воля твоя,
яко на небеси, и на
землѝ. Хлѣбъ нашъ

RUSSO

14

Отче нашъ, иже еси на небесѣхъ, да святится имя твое. Да пріидетъ царствіе твое. Да будетъ воля твоя, яко

RUSSO

15

Отче нашъ, иже еси на небесѣхъ, да святится имя твое. Да пріидетъ царствіе твое. Да будетъ во-

RUSSO

16

Отче нашъ, иже еси на небесѣхъ, да святится имя твое. Да пріидетъ ца-

RUSSO

17

Отче на-
шъ, иже еси
на небесѣ-
хъ, да свя-
тится имя

RUSSO

18

Отче на-
шъ, иже е-
си на не-
бесѣхъ, да
святится

RUSSO

19

Отче на-
шъ, иже е-
си на не-
бесѣхъ, да

RUSSO

20

Отче на-
шъ, иже е-
си на неб-
есѣхъ, да

RUSSO

21

*Отче на-
шъ, иже
еси на не-
бесѣхъ,*

MAJUSCOLE

1

А Б В Г Д Е Ж З И І К Л М Н О П Р С Т У Ф Х Ц Ч
Ш Щ Ъ Ы Ь Ѣ Э Ю Я Ѳ Ѵ

2

А Б В Г Д Е Ж З И І К Л
М Н О П Р С Т У Ф Х Ц Ч Ш Щ Ъ Ы Ь Ѣ Э
Ю Я Ѳ Ѵ

3

А Б В Г Д Е Ж З И І К Л
М Н О П Р С Т У Ф Х Ц Ч Ш Щ Ъ Ы Ь Ѣ Э
Ю Я Ѳ Ѵ

132

MAJUSCOLE

4

АБВГДЕЖЗИІКЛ
МНОПРСТУФХЦЧШЩЪЫЬѢ
ЭЮЯѲѴ

5

АБВГДЕЖЗИІКЛ
МНОПРСТУФХЦЧШЩЪЫЬ
ѢЭЮЯѲѴ

6

АБВГДЕЖЗИІКЛ
МНОПРСТУФХЦЧШЩЪЫЬѢ
ЭЮЯѲѴ

MAJUSCOLE

7

АБВГДЕЖЗИІКЛ
МНОПРСТУФХЦЧШЩЪЫ
ЬѢЭЮЯѲѴ

8

АБВГДЕЖЗИІКЛ
МНОПРСТУФХЦЧШЩЪЫ
ЬѢЭЮЯѲѴ

9

АБВГДЕЖЗИІКЛМ
НОПРСТУФХЦЧШЩЪЫЬ
ѢЭЮЯѲѴ

MAJUSCOLE

10

А Б В Г Д Е Ж
З И І К Л М Н О П Р С Т У Ф
Х Ц Ч Ш Щ Ъ Ы Ь Ѣ
Э Ю Я Ѳ Ѵ

11

А Б В Г Д Е Ж З
И І К Л М Н О П Р С Т У Ф Х
Ц Ч Ш Щ Ъ Ы Ь Ѣ Э
Ю Я Ѳ Ѵ

MAJUSCOLE

12

А Б В Г Д Е Ж З И
І К Л М Н О П Р С Т У Ф Х
Ц Ч Ш Щ Ъ Ы Ь Ѣ Э
Ю Я Ѳ Ѵ

13

А Б В Г Д Е Ж З И
І К Л М Н О П Р С Т У Ф Х
Ц Ч Ш Щ Ъ Ы Ь Ѣ Э
Ю Я Ѳ Ѵ

MAJUSCOLE

14

АБВГДЕЖ
ЗИІКЛМНОПРСТ
УФХЦЧШЩЪЫ
ЬѢЭЮЯѲѴ

15

АБВГДЕЖЗИ
ІКЛМНОПРСТУФ
ХЦЧШЩЪЫЬ
ѢЭЮЯѲѴ

MAJUSCOLE

16

АБВГДЕЖ
ЗИІКЛ
МНОПРСТУФ
ХЦЧШ
ЩЪЫЬѢЭЮ
ЯѲѴ

MAJUSCOLE

17

А Б В Г Д Е
Ж З И І К Л М Н
О П Р С Т
У Ф Х Ц Ч Ш Щ
Ъ Ы Ь Ѣ Э Ю
Я Ѳ Ѵ

MAJUSCOLE

18

АБВГДЕ
ЖЗИІКЛМ
НОПРС
ТУФХЦЧШ
ЩЪЫЬѢЭ
ЮЯѲѴ

MAJUSCOLE

19

АБВГДЕ
ЖЗИІКЛМ
НОПРС
ТУФХЦЧШ
ЩЪЫЬѢЭ
ЮЯѲѴ

MAJUSCOLE

20

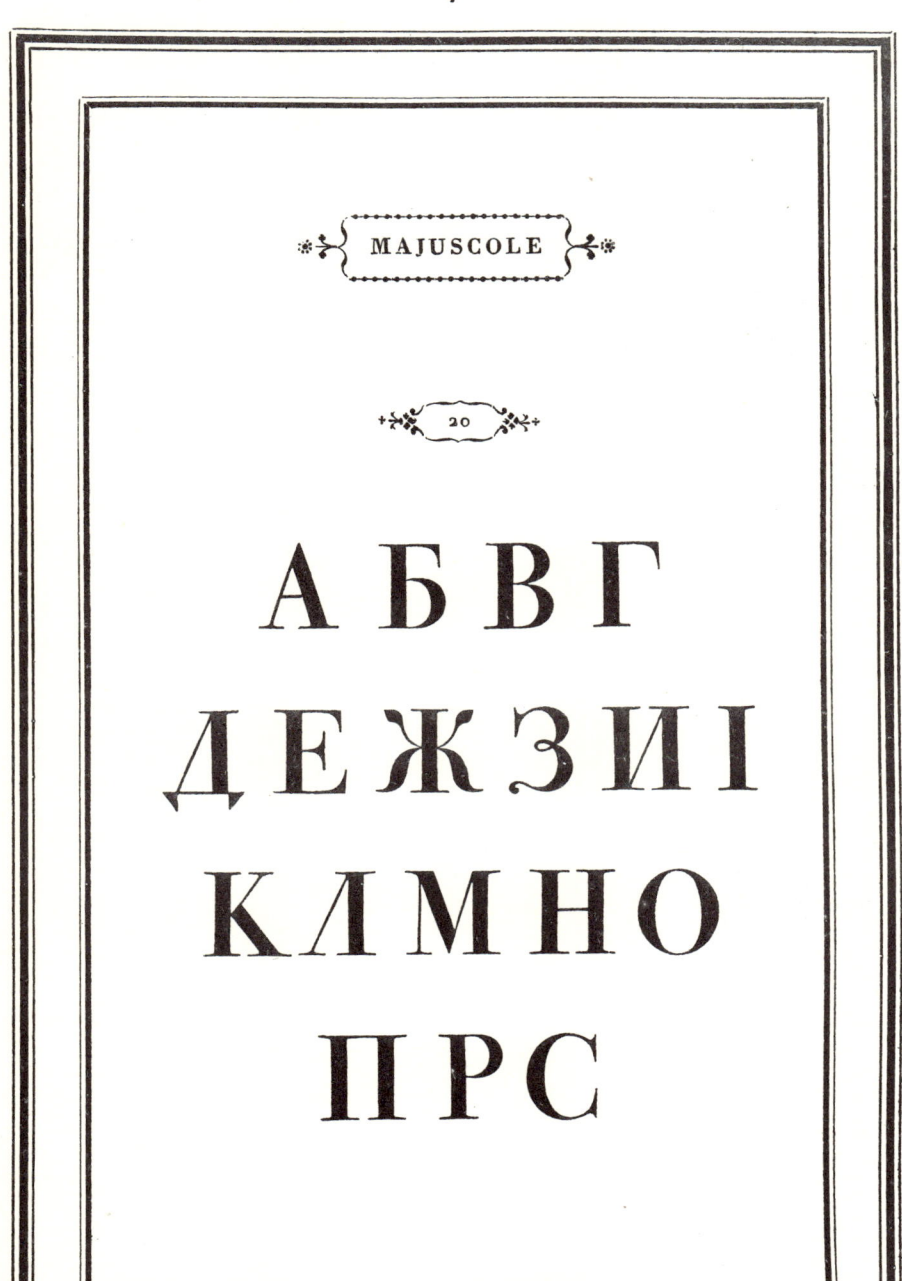

А Б В Г
Д Е Ж З И І
К Л М Н О
П Р С

MAJUSCOLE

20

ТУФХ
ЦЧШЩЪ
ЫЬѢЭЮ
ЯѲѴ

143

MAJUSCOLE

21

АБВГ
ДЕЖЗИІ
КЛМНО
ПРС

MAJUSCOLE

21

ТУФХ
ЦЧШЩЪ
ЫЬѢЭЮ
ЯѲѴ

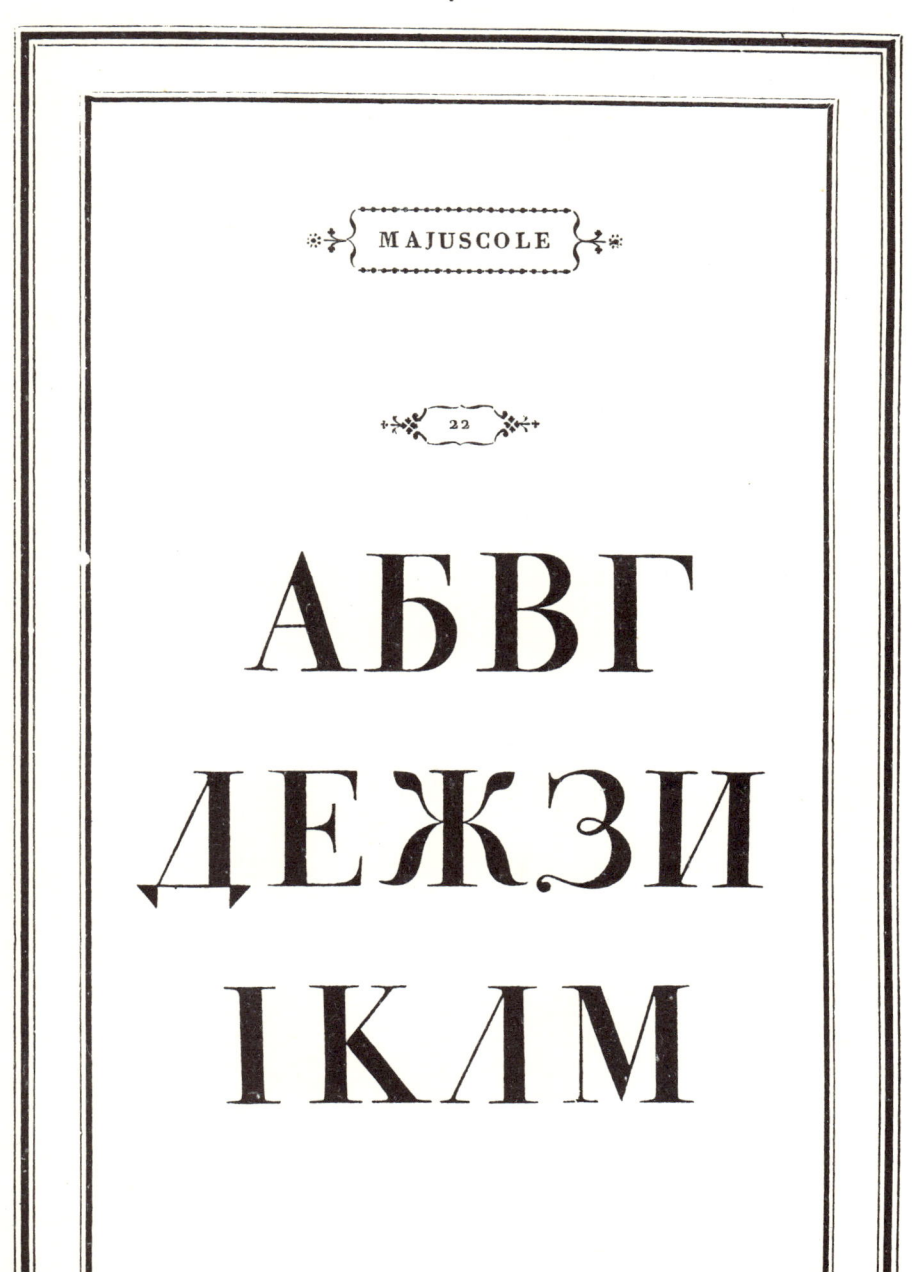

MAJUSCOLE

22

АБВГ
ДЕЖЗИ
IКЛМ

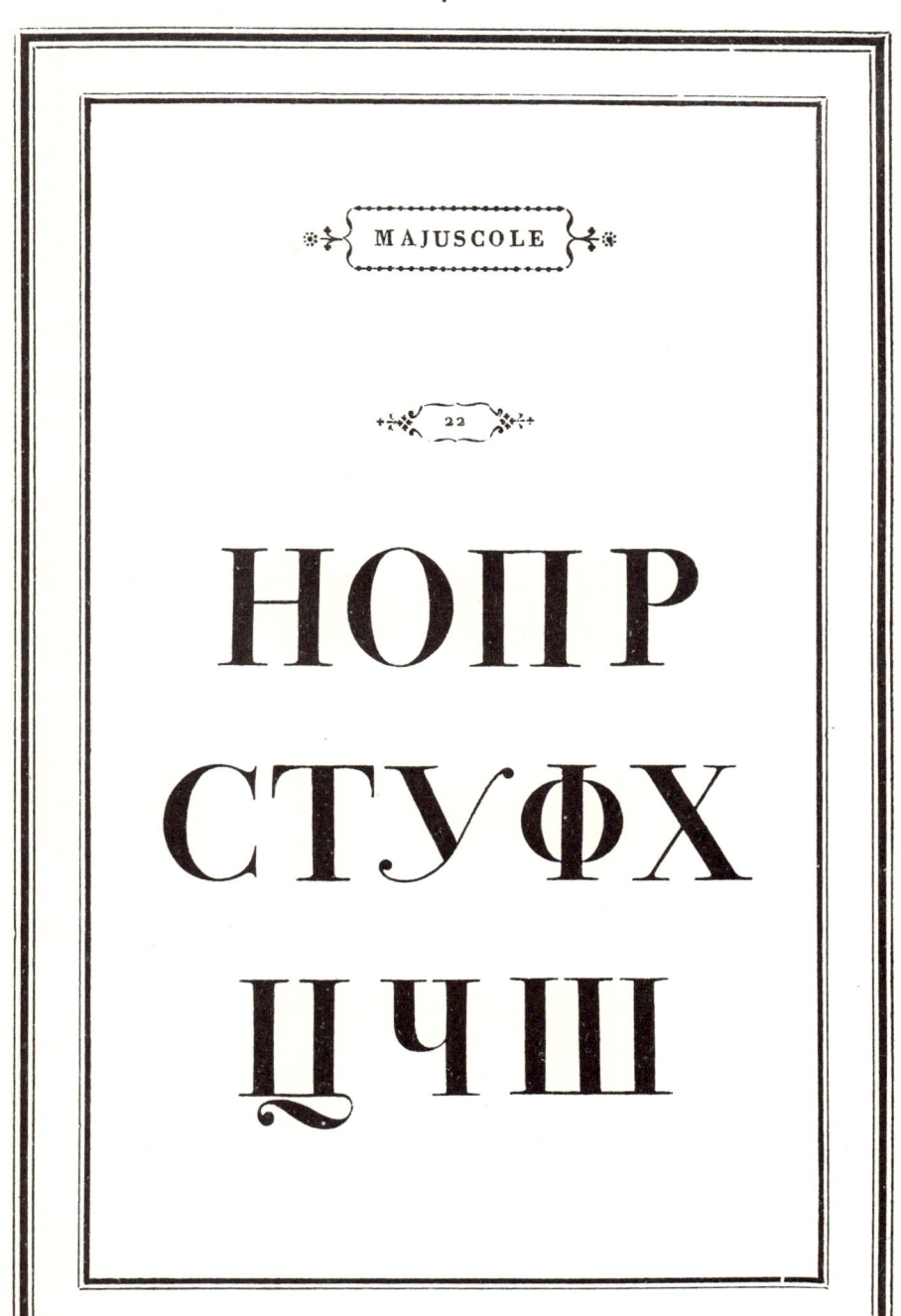

MAJUSCOLE

22

НОПР
СТУФХ
ЦЧШ

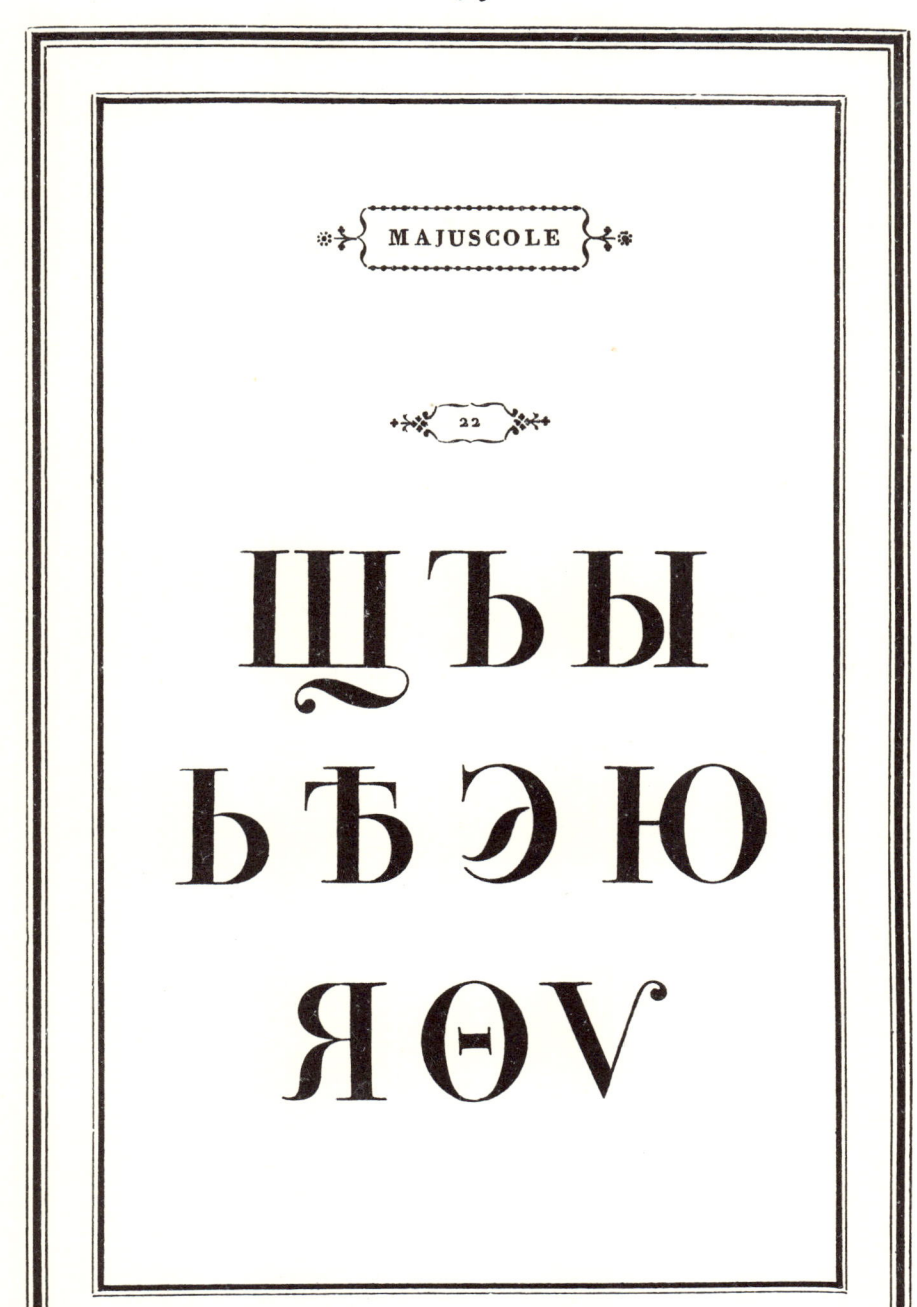

MAJUSCOLE

22

Щ Ъ Ы

Ь Ѣ Э Ю

Я Ѳ Ѵ

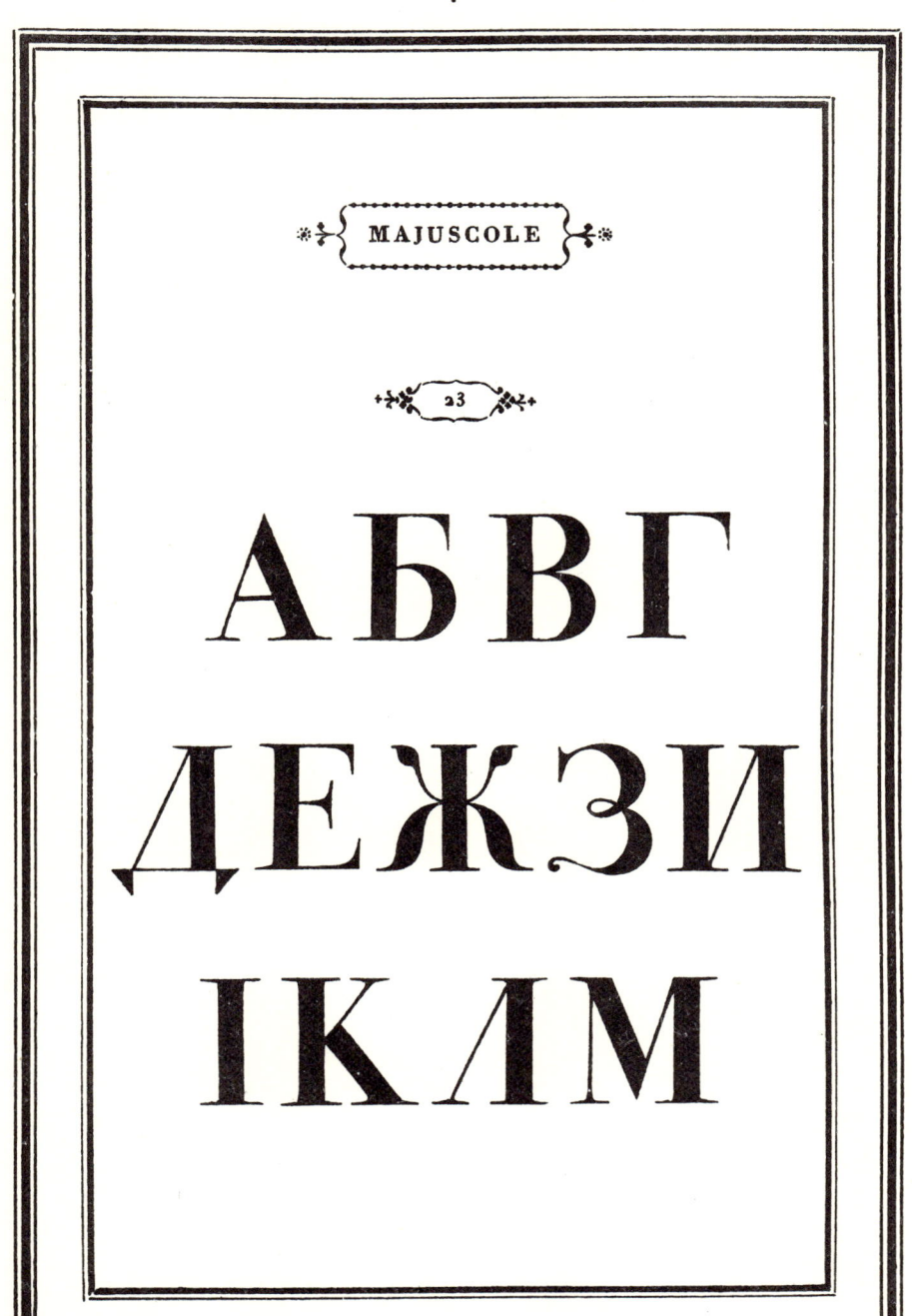

MAJUSCOLE

23

АБВГ
ДЕЖЗИ
ІКЛМ

MAJUSCOLE

23

НОПР
СТУФХ
ЦЧШ

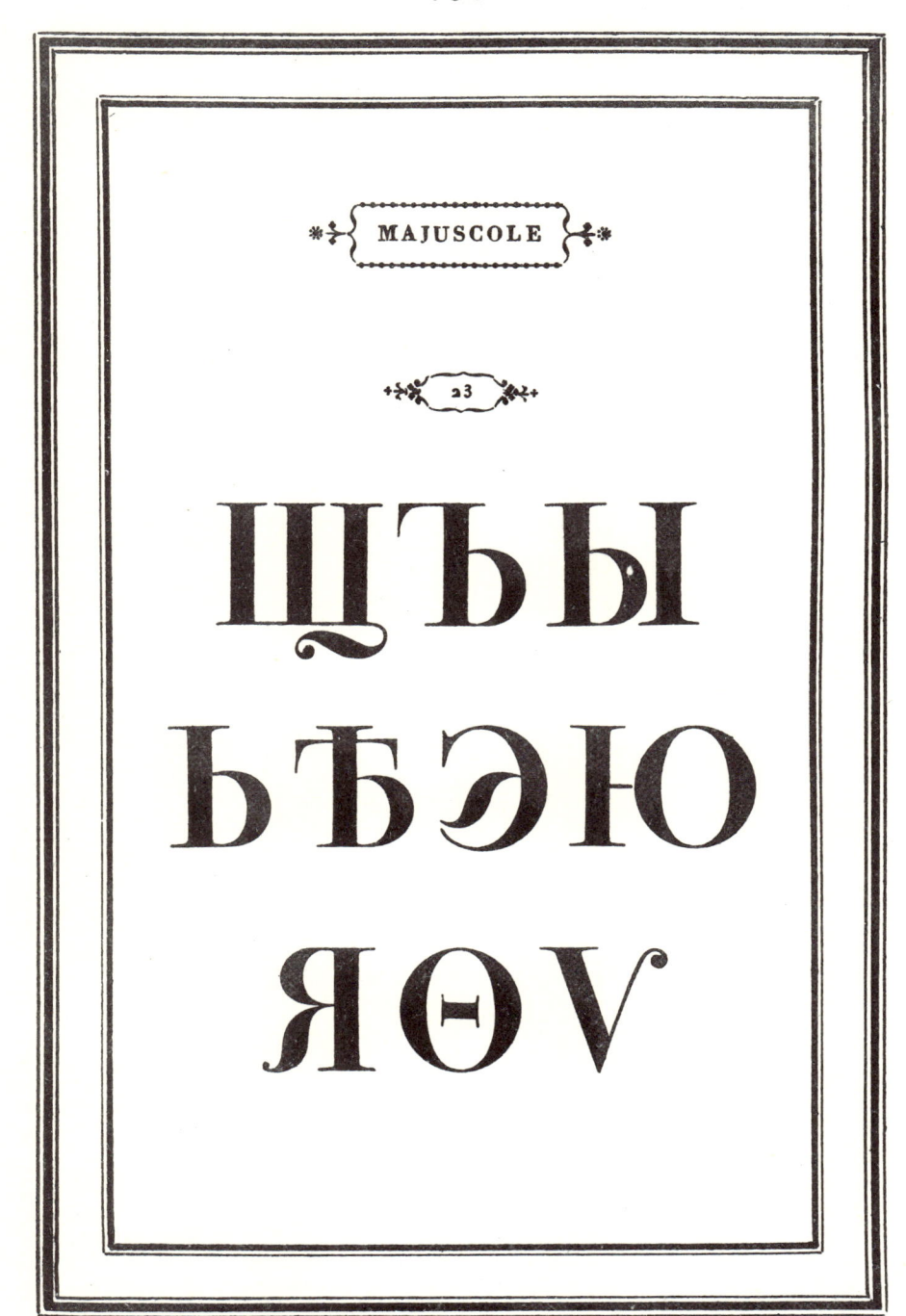

MAJUSCOLE

23

ЩЪЫ

ЬѢЭЮ

ЯѲѴ

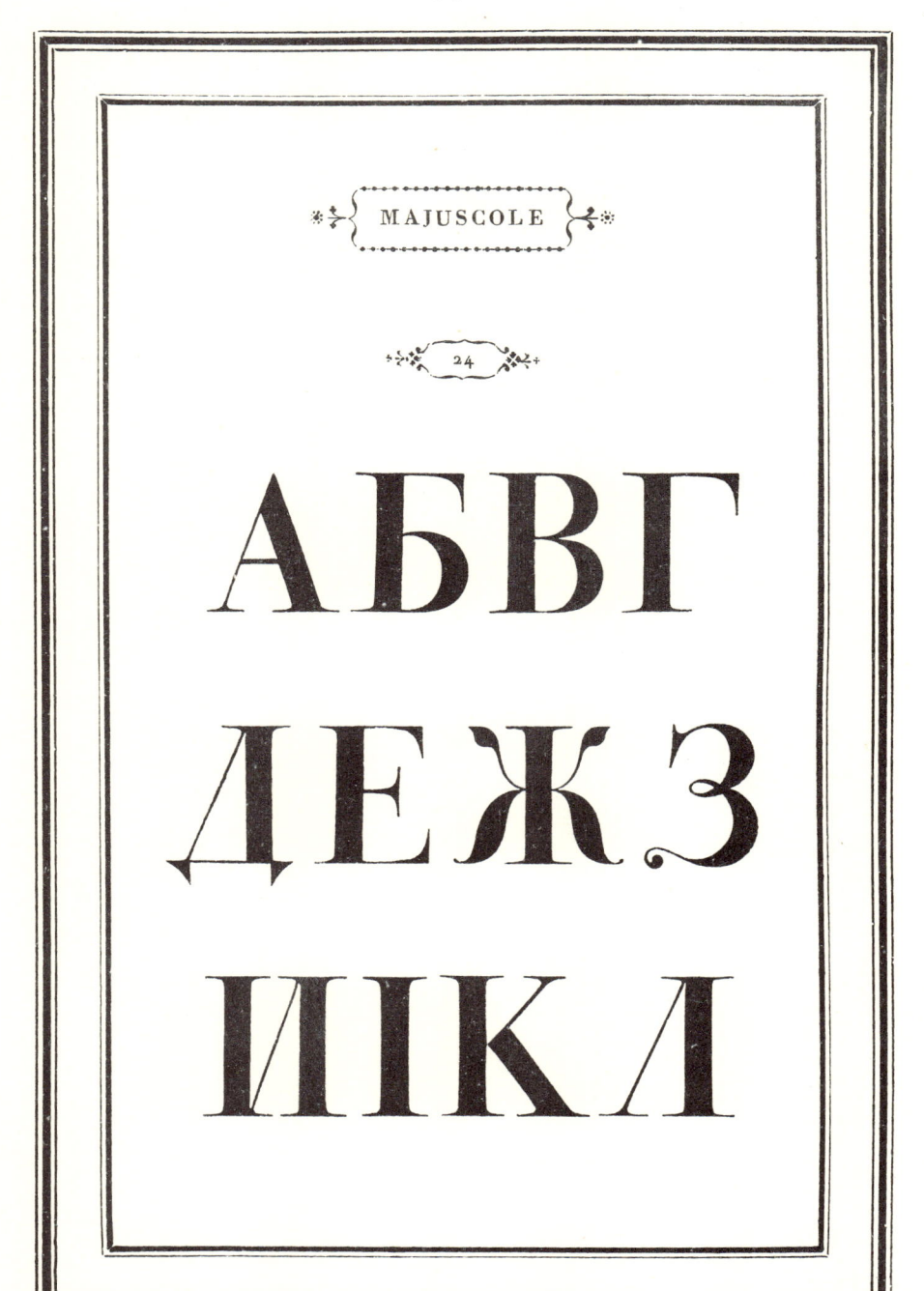

MAJUSCOLE

24

АБВГ
ДЕЖЗ
ИІКЛ

MAJUSCOLE

24

МНОП
РСТУ
ФХЦЧ

MAJUSCOLE

24

ШЩЪ
ЫЬѢЭ
ЮЯѲ

MAJUSCOLE

25

АБВ
ГДЕ
ЖЗИ

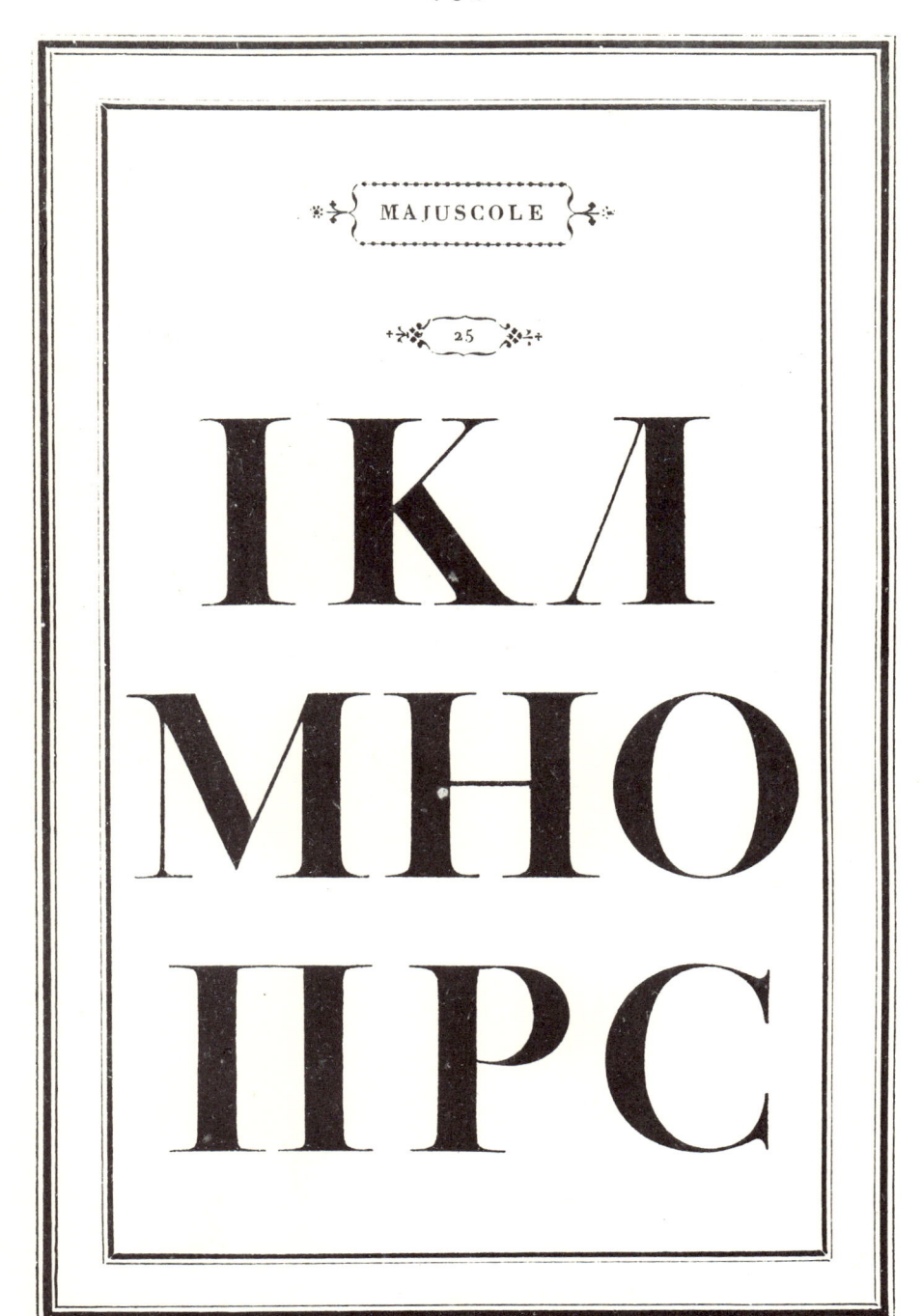

MAJUSCOLE

25

ІКЛ

МНО

ПРС

156

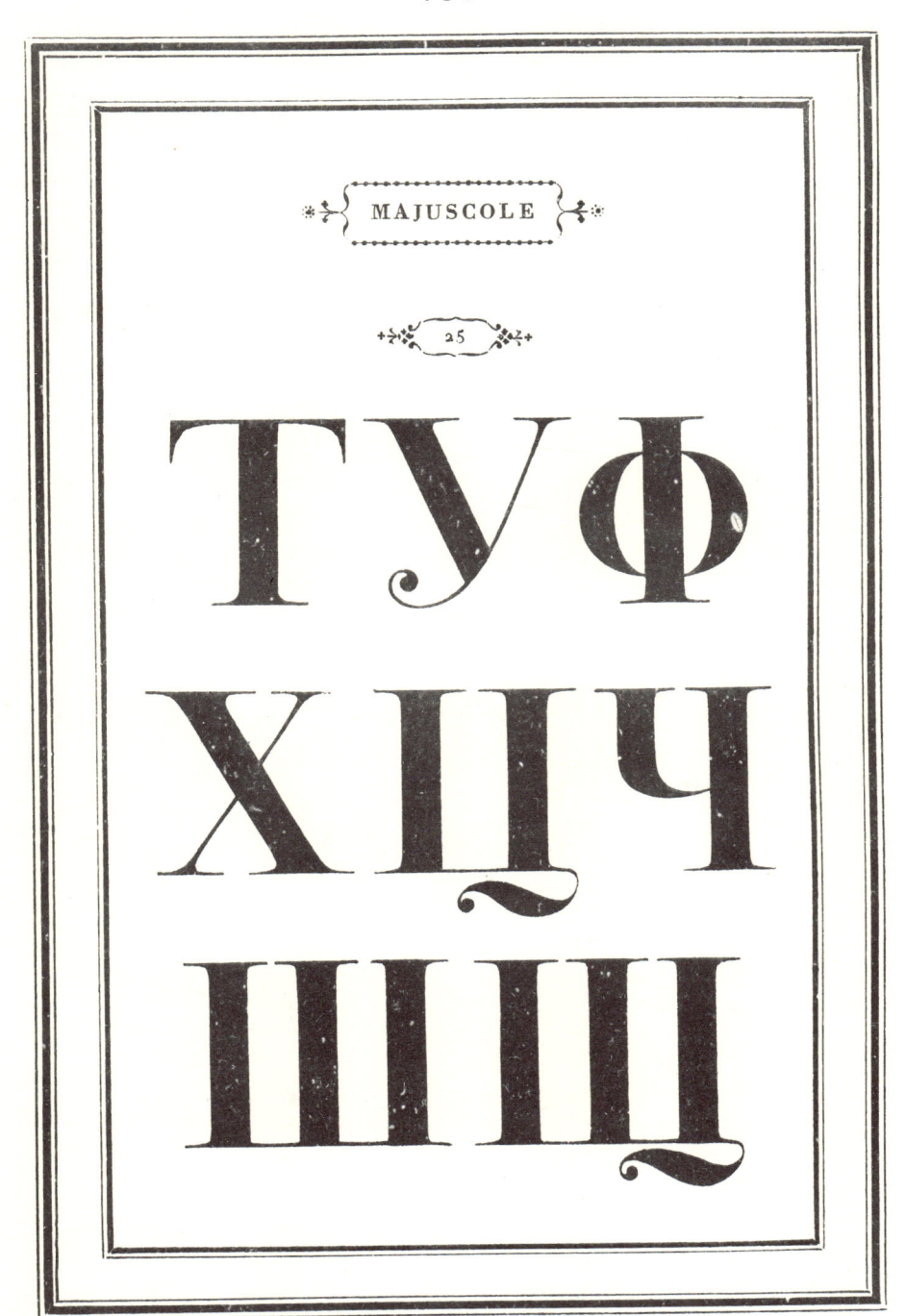

MAJUSCOLE

25

ТУФ
ХЦЧ
ШЩ

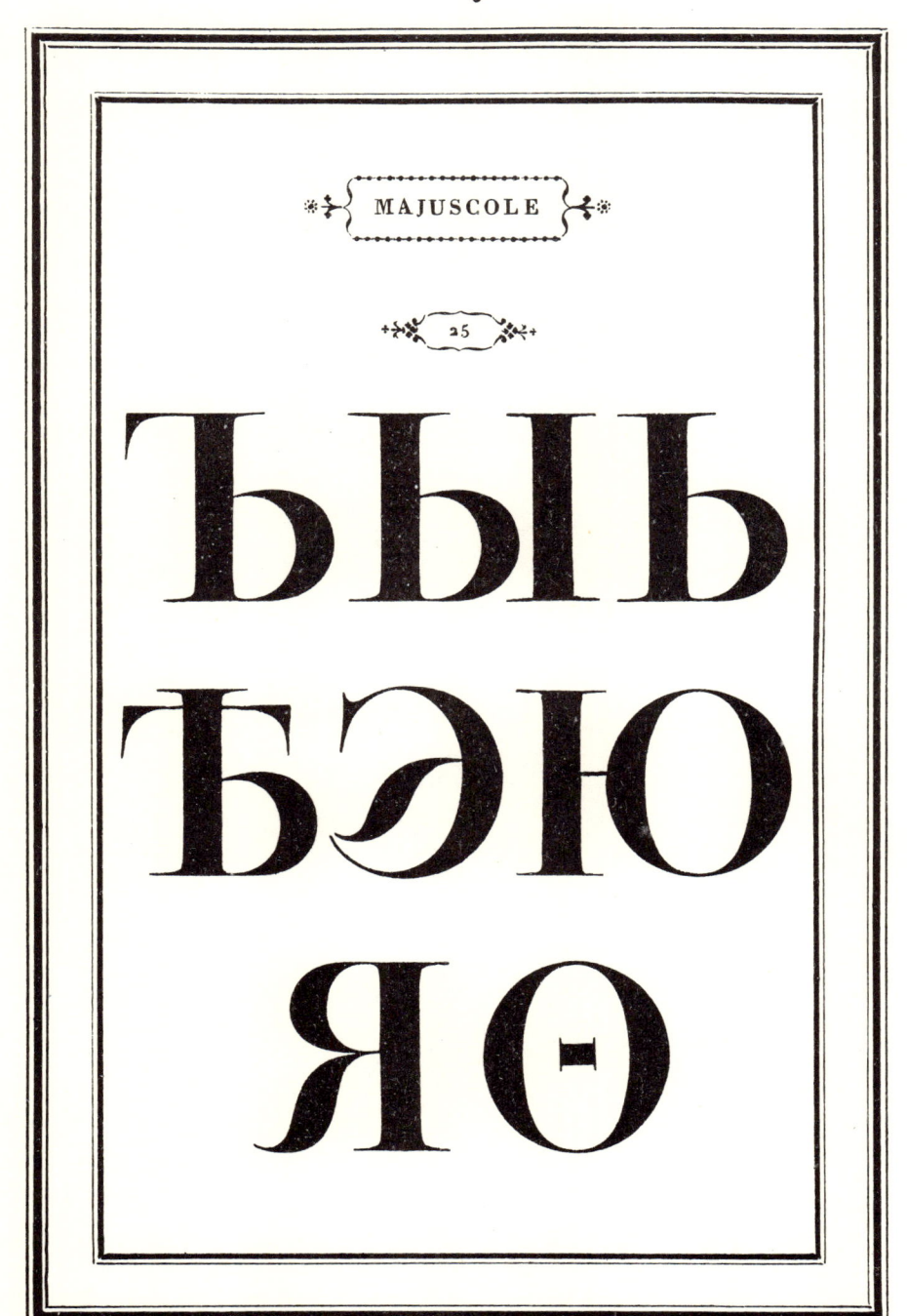

MAJUSCOLE

25

ЪЫЬ

ѢЭЮ

ЯѲ

MAJUSCOLE

12

АБВГДЕЖ
ЗИІКЛМНОПРС
ТУФХЦЧШЩЪ
ЫЬѢЭЮЯѲ

13

АБВГДЕЖ
ЗИІКЛМНОПРС
ТУФХЦЧШЩЪ
ЫЬѢЭЮЯѲ

Il numero di ciascun alfabeto corsivo corrisponde precisamente a quello d'ogni alfabeto tondo.

MAJUSCOLE

14

А Б В Г Д Е Ж
З И І К Л М Н О П Р С
Т У Ф Х Ц Ч Ш Щ Ъ
Ы Ь Ѣ Э Ю Я Ѳ

15

А Б В Г Д Е Ж З
И І К Л М Н О П Р С
Т У Ф Х Ц Ч Ш Щ Ъ
Ы Ь Ѣ Э Ю Я Ѳ

MAJUSCOLE

16

АБВГДЕЖ

ЗИІКЛ

МНОПРСТУФ

ХЦЧШ

ЩЪЫЬѢЭ

ЮЯѲ

| MAJUSCOLE |

17

АБВГДЕ
ЖЗИІКЛМН
ОПРСТ
УФХЦЧШ
ЩЪЫЬѢ
ЭЮЯѲ

MAJUSCOLE

18

АБВГДЕ
ЖЗИІКЛМ
НОПРС
ТУФХЦЧШ
ЩЪЫЬѢЭ
ЮЯѲ

MAJUSCOLE

19

АБВГДЕ
ЖЗИІКЛМ
НОПРС
ТУФХЦЧШ
ЩЪЫЬѢЭ
ЮЯѲ

MAJUSCOLE

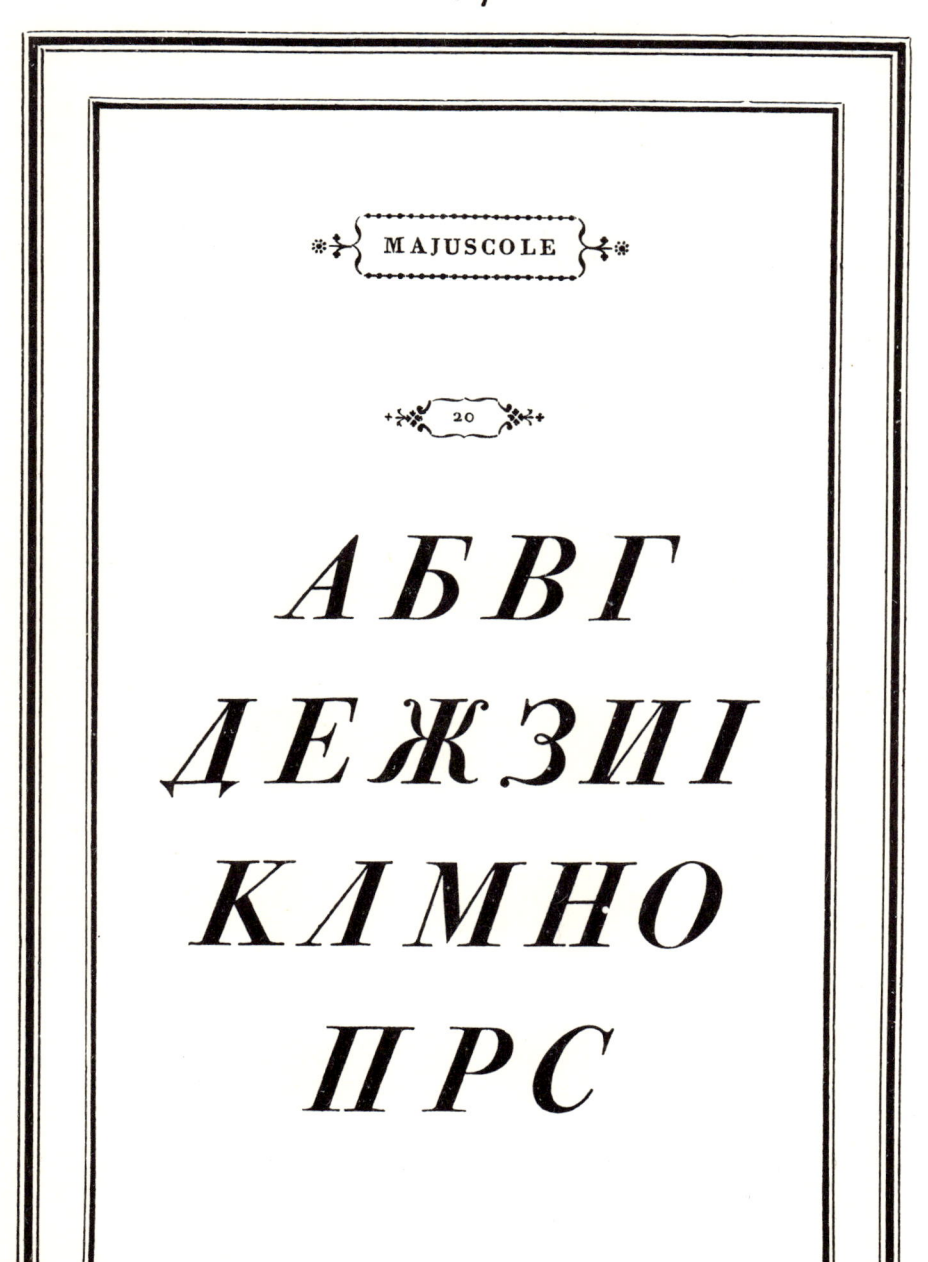

20

АБВГ

ДЕЖЗИІ

КЛМНО

ПРС

MAJUSCOLE

20

ТУФХ
ЦЧШЩЪ
ЫЬѢЭ
ЮЯѲ

MAJUSCOLE

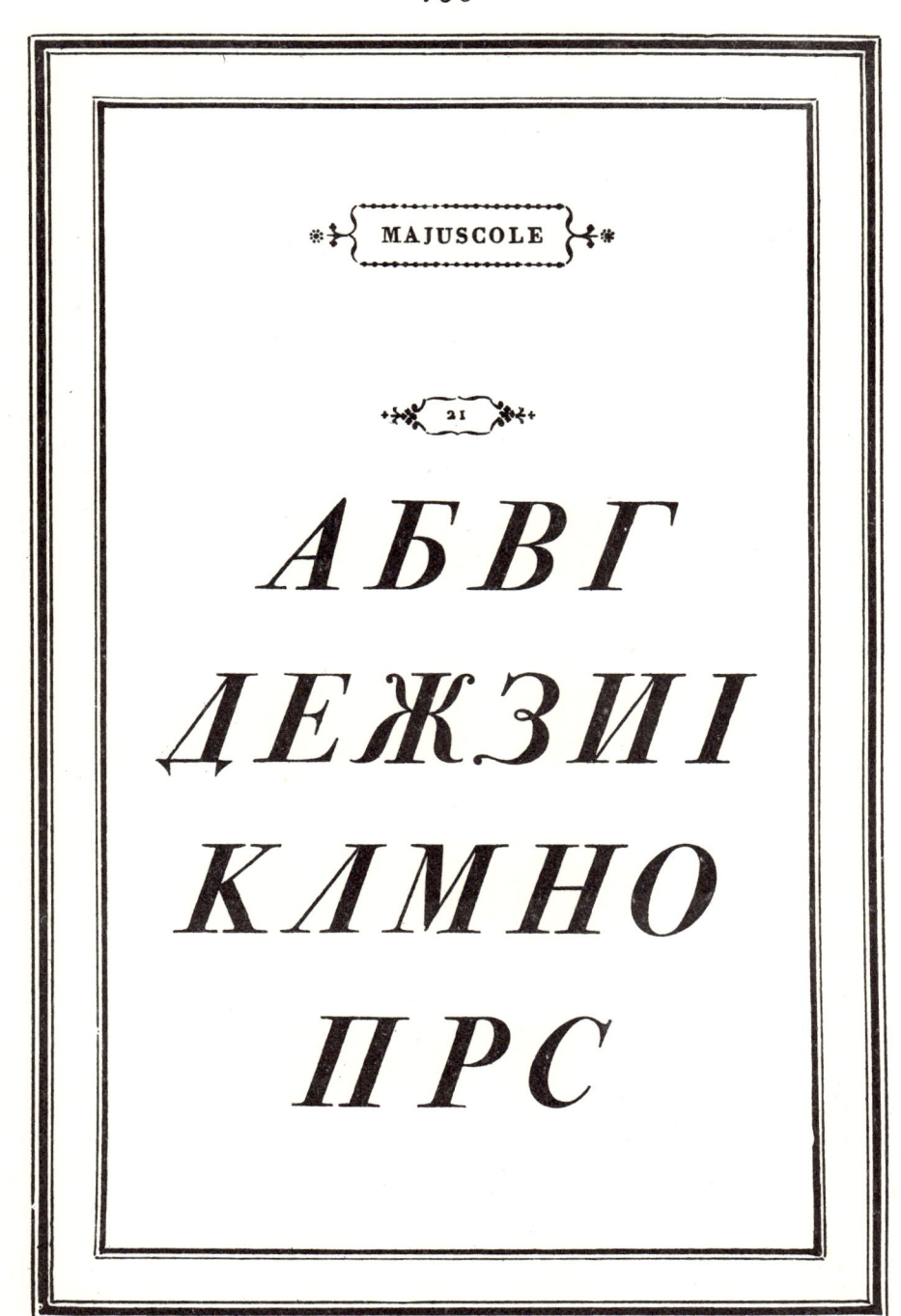

21

АБВГ
ДЕЖЗИІ
КЛМНО
ПРС

MAJUSCOLE

21

ТУФХ
ЦЧШЩЪ
ЫЬѢЭ
ЮЯѲ

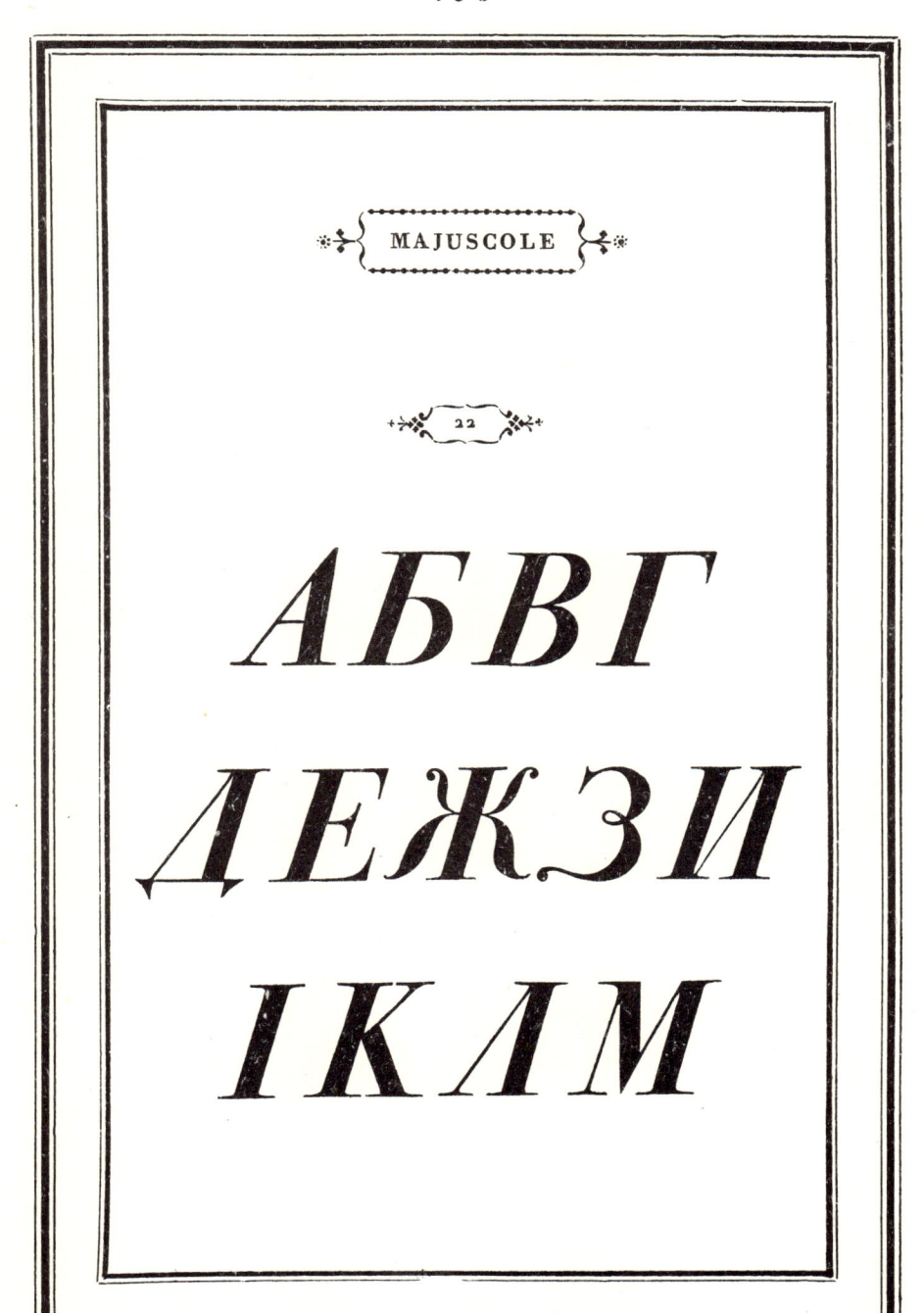

MAJUSCOLE

22

АБВГ
ДЕЖЗИ
ІКЛМ

MAJUSCOLE

22

НОП
РСТУФ
ХЦЧШ

MAJUSCOLE

22

ЩЪЫ
ЬѢЭЮ
ЯѲ

MAJUSCOLE

23

АБВГ
ДЕЖЗ
ИІКЛ

MAJUSCOLE

23

МНОП
РСТУ
ФХЦЧ

MAJUSCOLE

23

Ш Щ Ъ
Ы Ь Ѣ Э
Ю Я Ѳ

MAJUSCOLE

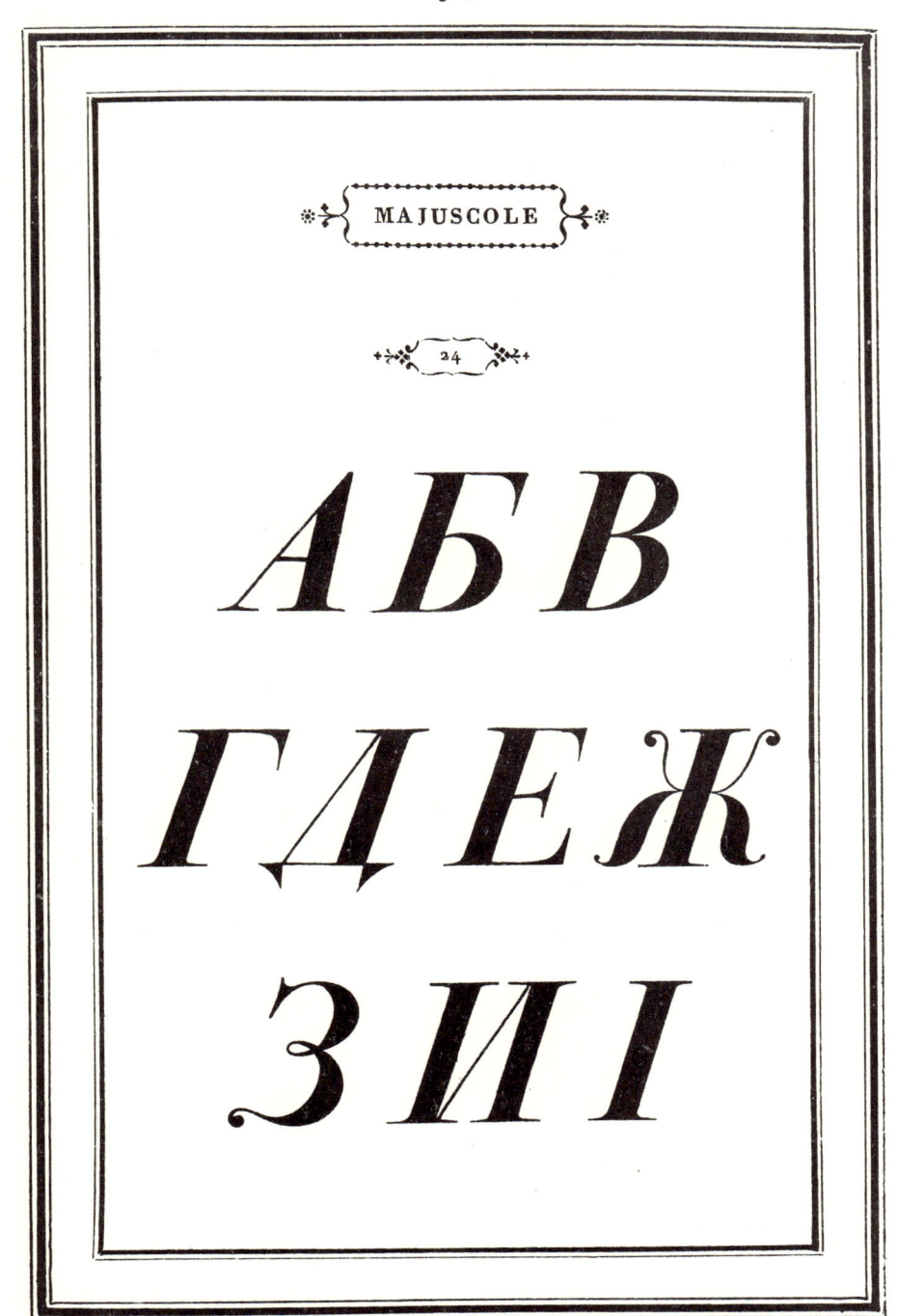

24

АБВ
ГДЕЖ
ЗИІ

MAJUSCOLE

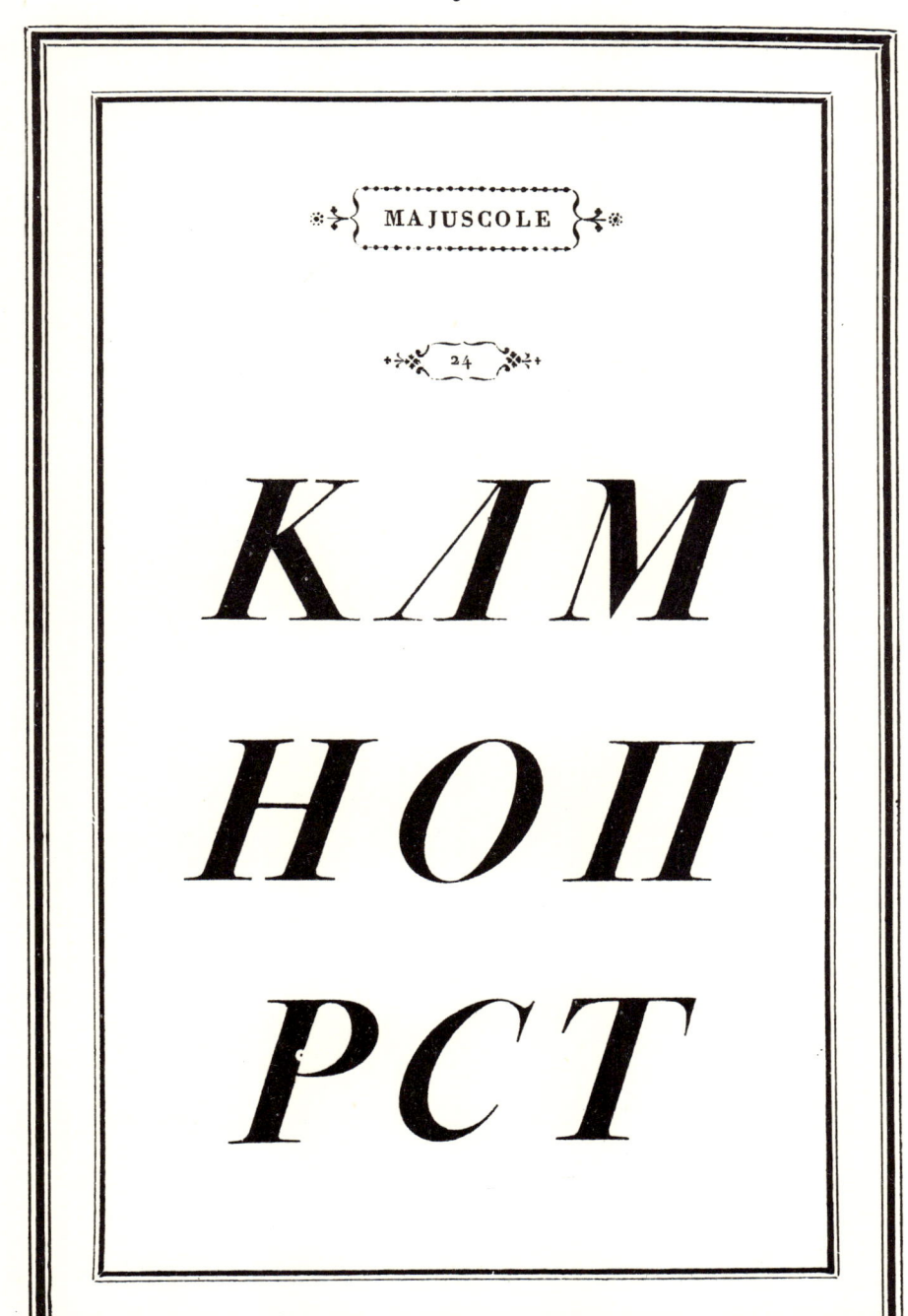

24

КЛМ
НОП
РСТ

176

MAJUSCOLE

24

УФХ
ЦЧШ
ЩЪ

MAJUSCOLE

24

ЫЬ
ѢЭЮ
ЯѲ

45

178

MAJUSCOLE

25

АБВ
ГДЕ
ЖЗ

45.

MAJUSCOLE

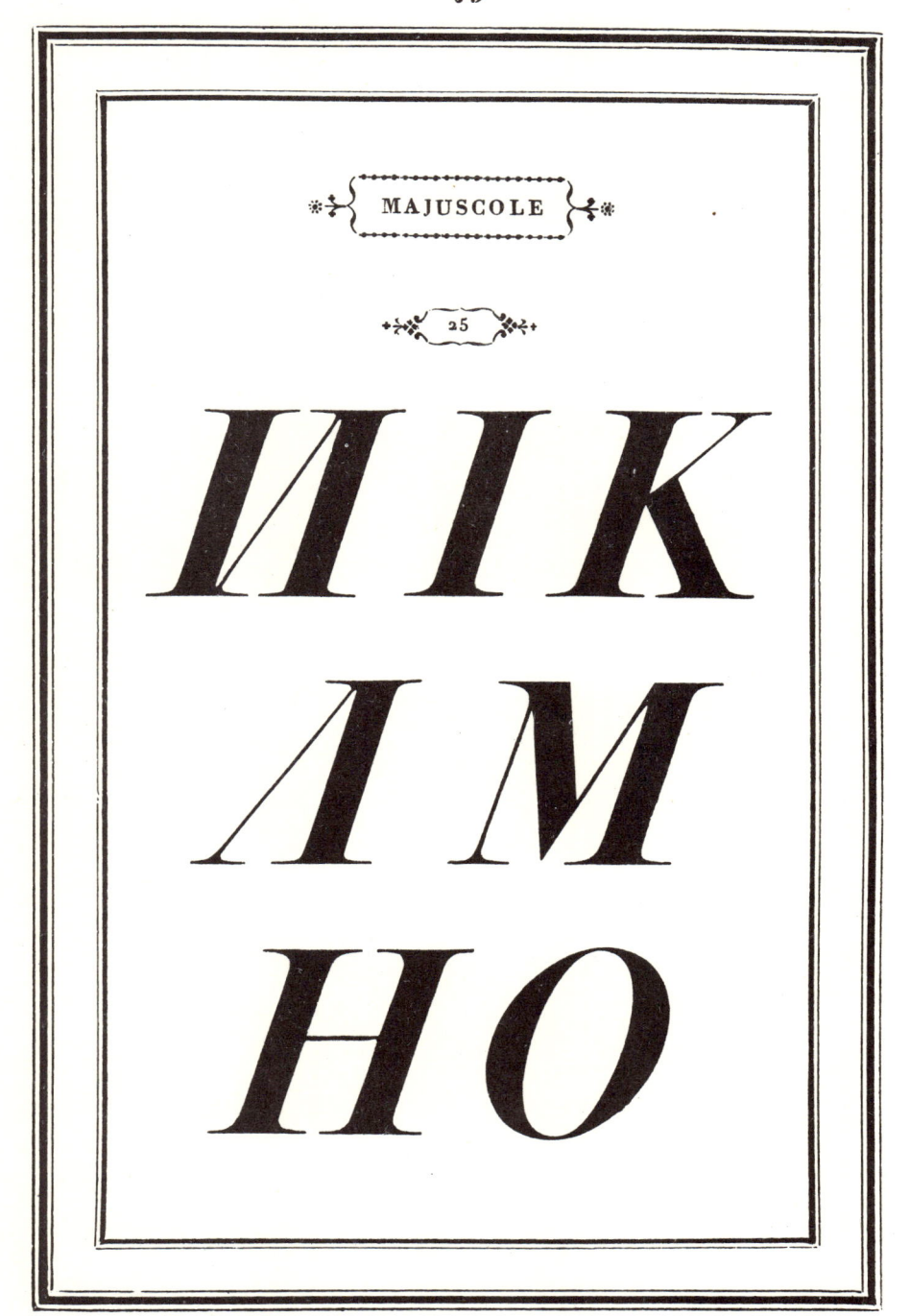

25

ИІК

ЛМ

НО

MAJUSCOLE

25

П Р
С Т У
Ф Х

MAJUSCOLE

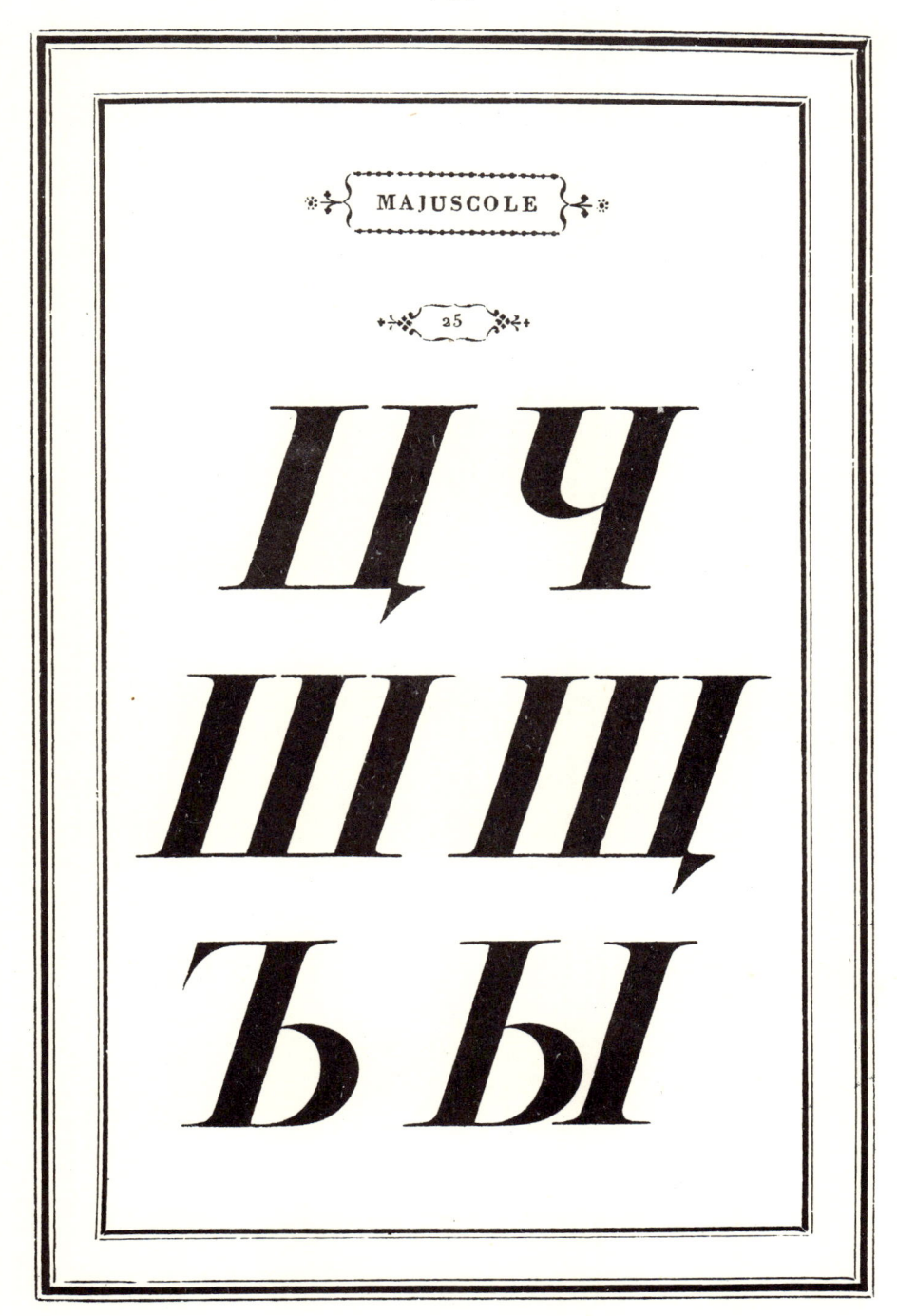

25

Ц Ч

Ш Щ

Ъ Ы

182

MAJUSCOLE

25

Ь Ѣ
Э Ю
Я Ѳ

46.

SERIE

DE'

FREGI,

DE' SEGNI D'ALGEBRA
CHIMICA ED ASTRONOMIA,
DELLE NOTE MUSICALI,
E DI ALTRI OGGETTI.

FREGI

FUSI SU DIVERSI CORPI

DI CARATTERI.

PARMIGIANINA.

1 ....
2 --
3 — — — — — — — — — — — — — — — — — —
4 ++
5 ....
6 ·-
7 ——
8 -o-o-o-o-o-o-o-o-o-o-o-o-o-o-o-o-o-o-o-o
9 ~~~~~~
10 ~~~~~~~~~~~~~~~~~~~~~~~~~~~~~~~~~~~~~~~
11 ~~~~~~
12 --
13 ~~~~~~
14 ~~~~~~
15 vvvvvvvvvvvvvvvvvvvvvvvvvvvvvvvvvvvvvvvv
16 wwwwwwwwwwwwwwwwwwwwwwwwwwwwwwwwwwwwwwww
17 wwwwwwwwwwwwwwwwwwwwwwwwwwwwwwwwwwwwwwww
18 ~~~~~~
19 mmmmmmmmmmmmmmmmmmmmmmmmmmmmmmmmmmmmmmmm
20 ≈≈

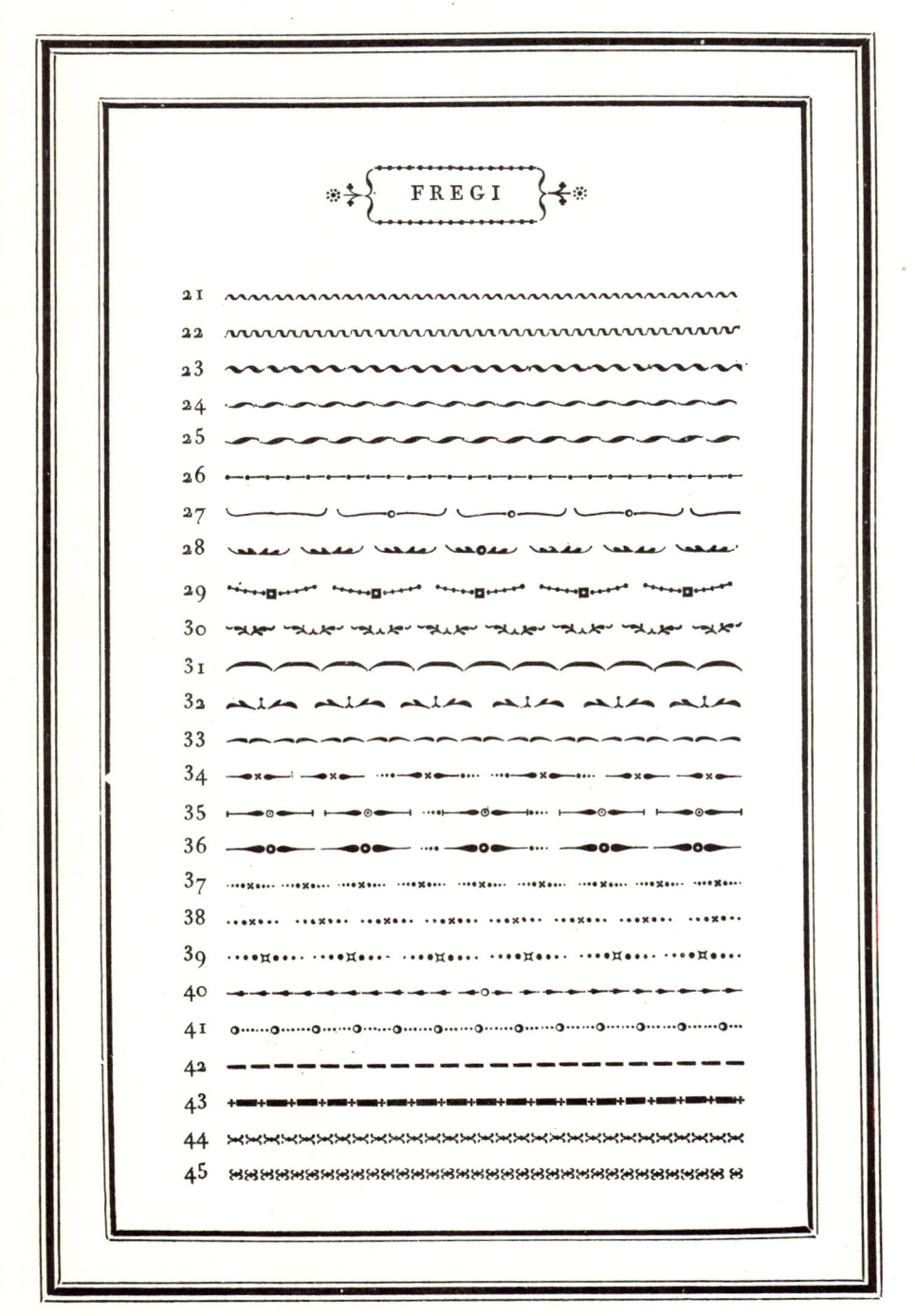

FREGI

21 ~~~~~~
22 ~~~~~~
23 ~~~~~~
24 ~~~~~~
25 ~~~~~~
26 ·-
27 ⌣⌣o⌣⌣o⌣⌣o⌣⌣o⌣⌣o⌣⌣o⌣⌣
28 ~~~~~~
29 ·····■·····■·····■·····■·····■·····
30 ~~~~~~
31 ⌣⌣⌣⌣⌣⌣⌣⌣⌣⌣⌣⌣⌣⌣⌣⌣⌣⌣⌣⌣
32 ~~~~~~
33 ~~~~~~
34 —x—···—x—···—x—···—x—···—x—···—x—
35 —⊙—···—⊙—···—⊙—···—⊙—···—⊙—
36 —●—···—●—···—●—···—●—···—●—
37 ···×···×···×···×···×···×···×···×
38 ···×···×···×···×···×···×···×···×
39 ···H···H···H···H···H···H···H
40 —·—·—·—o—·—·—·—o—·—·—·—o—·—·—·—
41 o·o·o·o·o·o·o·o·o·o·o·o·o·o·o·o·o·o
42 — — — — — — — — — — — — — — — — — —
43 ✦✦✦✦✦✦✦✦✦✦✦✦✦✦✦✦✦✦✦✦✦✦✦✦
44 ✕✕✕✕✕✕✕✕✕✕✕✕✕✕✕✕✕✕✕✕✕✕✕✕
45 ※※※※※※※※※※※※※※※※※※※※※※※※

185

47

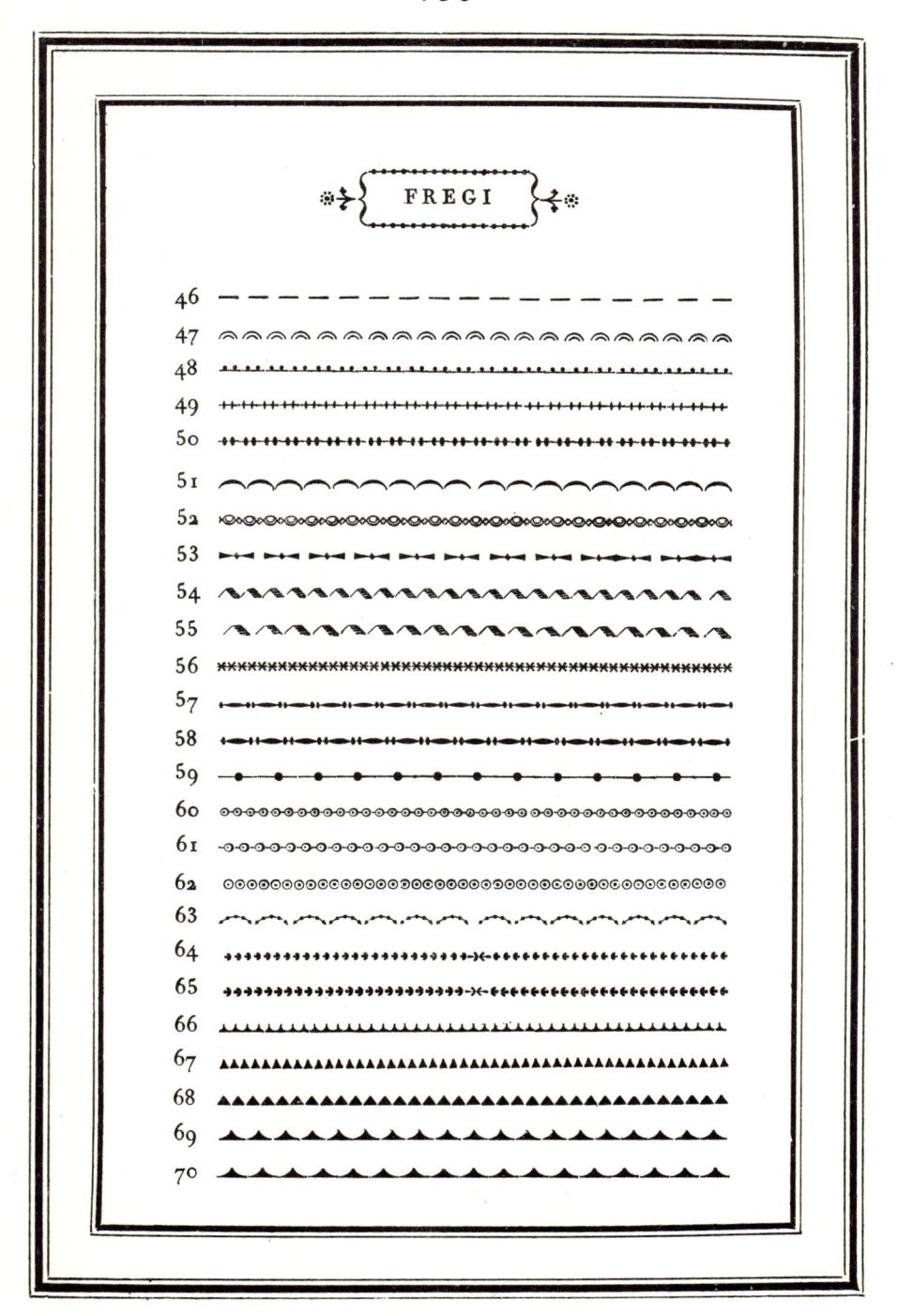

FREGI

46 ─ ─ ─ ─ ─ ─ ─ ─ ─ ─ ─ ─ ─ ─
47 ⌢⌢⌢⌢⌢⌢⌢⌢⌢⌢⌢⌢⌢⌢
48 ··················
49 ++++++++++++++++++
50 ✦✦✦✦✦✦✦✦✦✦✦✦✦✦
51 ⌣⌣⌣⌣⌣⌣⌣⌣⌣⌣⌣⌣
52 ◇◇◇◇◇◇◇◇◇◇◇◇◇◇
53 ▸◂▸◂▸◂▸◂▸◂▸◂▸◂
54 ∿∿∿∿∿∿∿∿∿∿∿∿∿∿
55 ∿∿∿∿∿∿∿∿∿∿∿∿∿∿
56 ××××××××××××××
57 ⟞⟝⟞⟝⟞⟝⟞⟝⟞⟝⟞⟝
58 ⟞⟝⟞⟝⟞⟝⟞⟝⟞⟝⟞⟝
59 • • • • • • • • • • • •
60 ○○○○○○○○○○○○○○
61 ○-○-○-○-○-○-○-○-○
62 ◉◉◉◉◉◉◉◉◉◉◉◉◉◉
63 ⌢⌢⌢⌢⌢⌢⌢⌢⌢⌢⌢⌢
64 ✦✦✦✦✦✦✦✦✦✦✦✦
65 ✦✦✦✦✦✦✦✦✦✦✦✦
66 ▴▴▴▴▴▴▴▴▴▴▴▴▴▴
67 ▲▲▲▲▲▲▲▲▲▲▲▲▲▲
68 ▲▲▲▲▲▲▲▲▲▲▲▲▲▲
69 ▲▲▲▲▲▲▲▲▲▲▲▲▲▲
70 ▲▲▲▲▲▲▲▲▲▲▲▲▲▲

FREGI

71
72
73
74
75
76
77
78
79
80
81
82
83
84
85
86
87
88
89
90
91
92
93
94
95

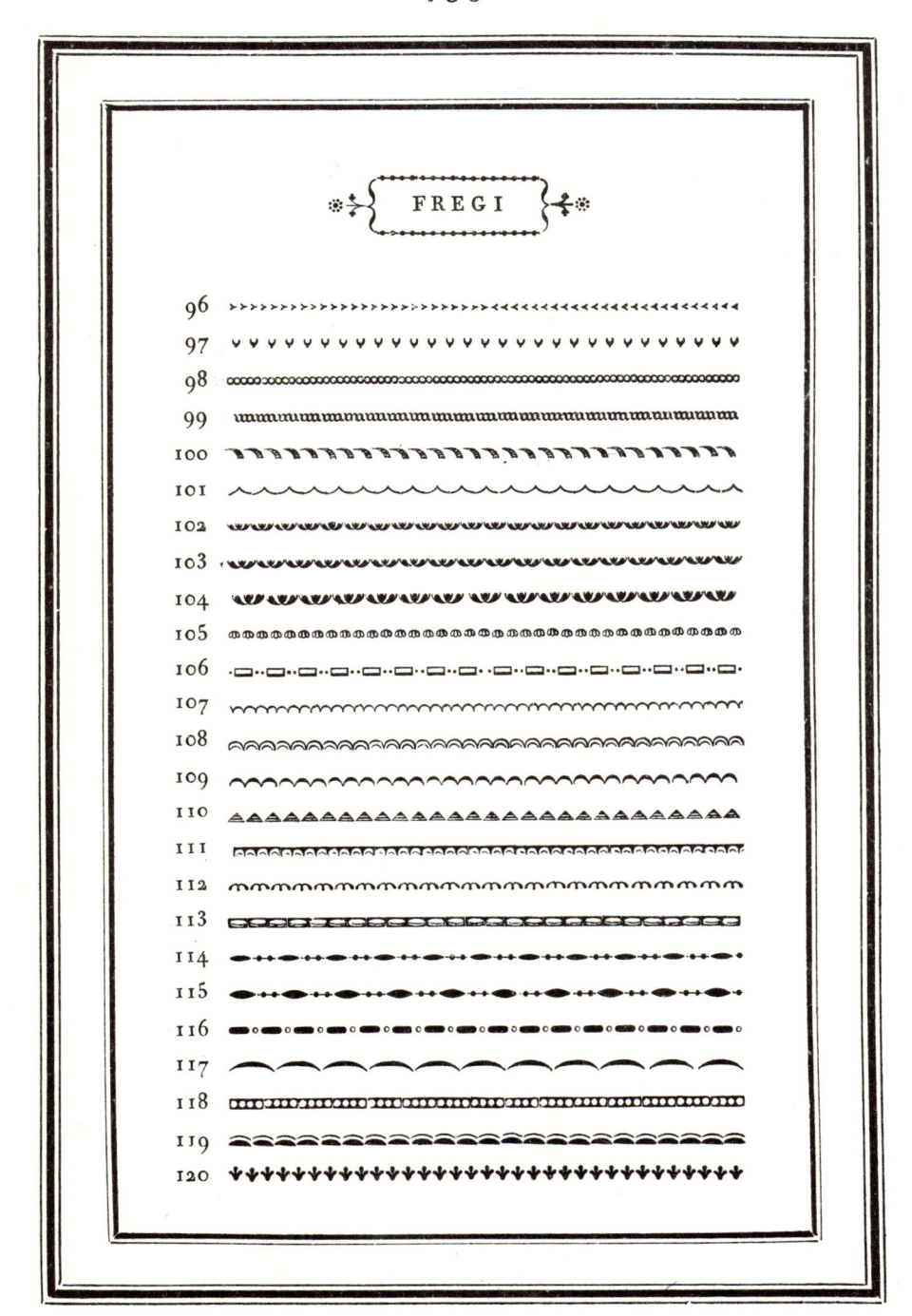

FREGI

96
97
98
99
100
101
102
103
104
105
106
107
108
109
110
111
112
113
114
115
116
117
118
119
120

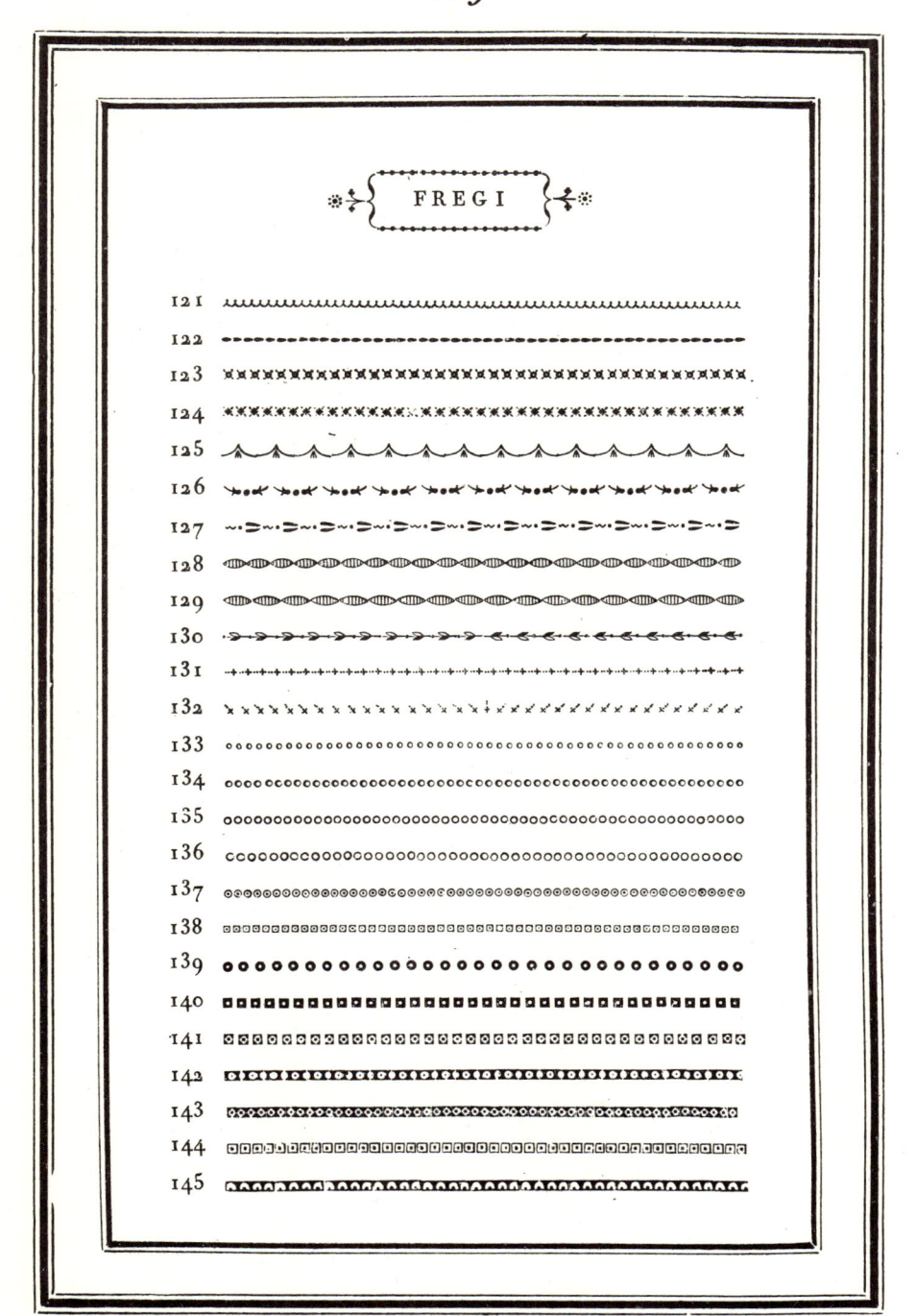

FREGI

121

122

123

124

125

126

127

128

129

130

131

132

133

134

135

136

137

138

139

140

141

142

143

144

145

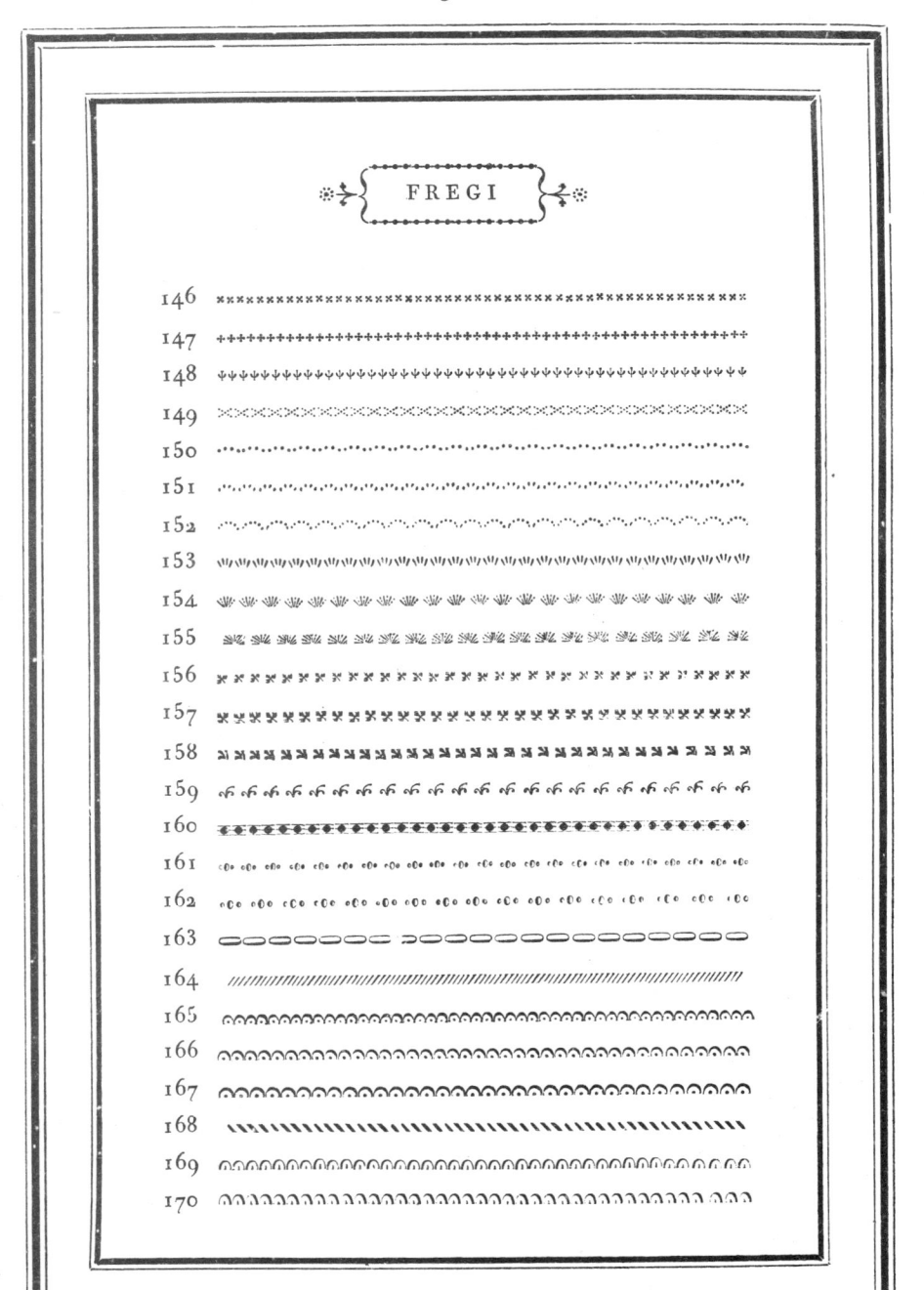

FREGI

146

147

148

149

150

151

152

153

154

155

156

157

158

159

160

161

162

163

164

165

166

167

168

169

170

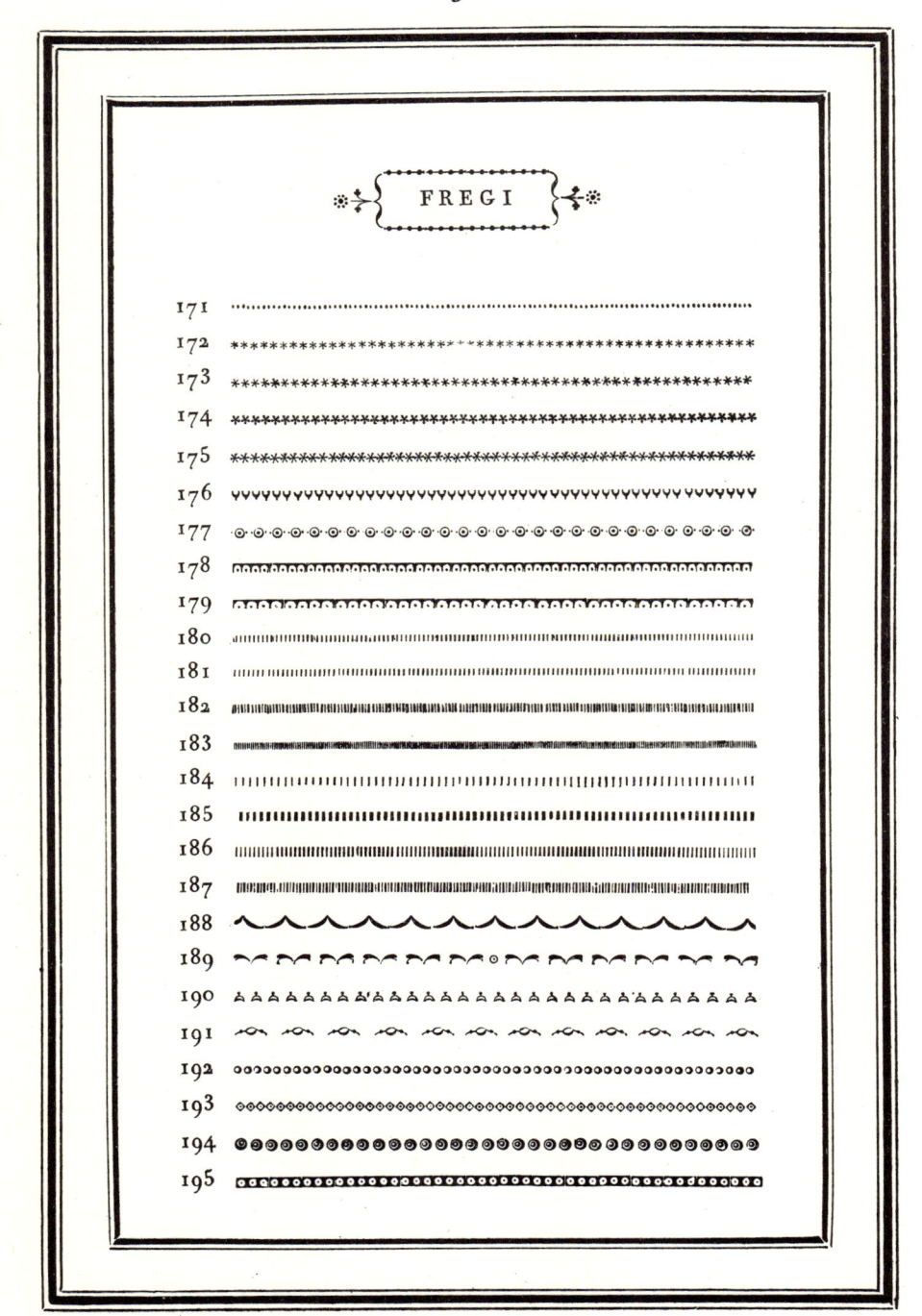

FREGI

171

172

173

174

175

176

177

178

179

180

181

182

183

184

185

186

187

188

189

190

191

192

193

194

195

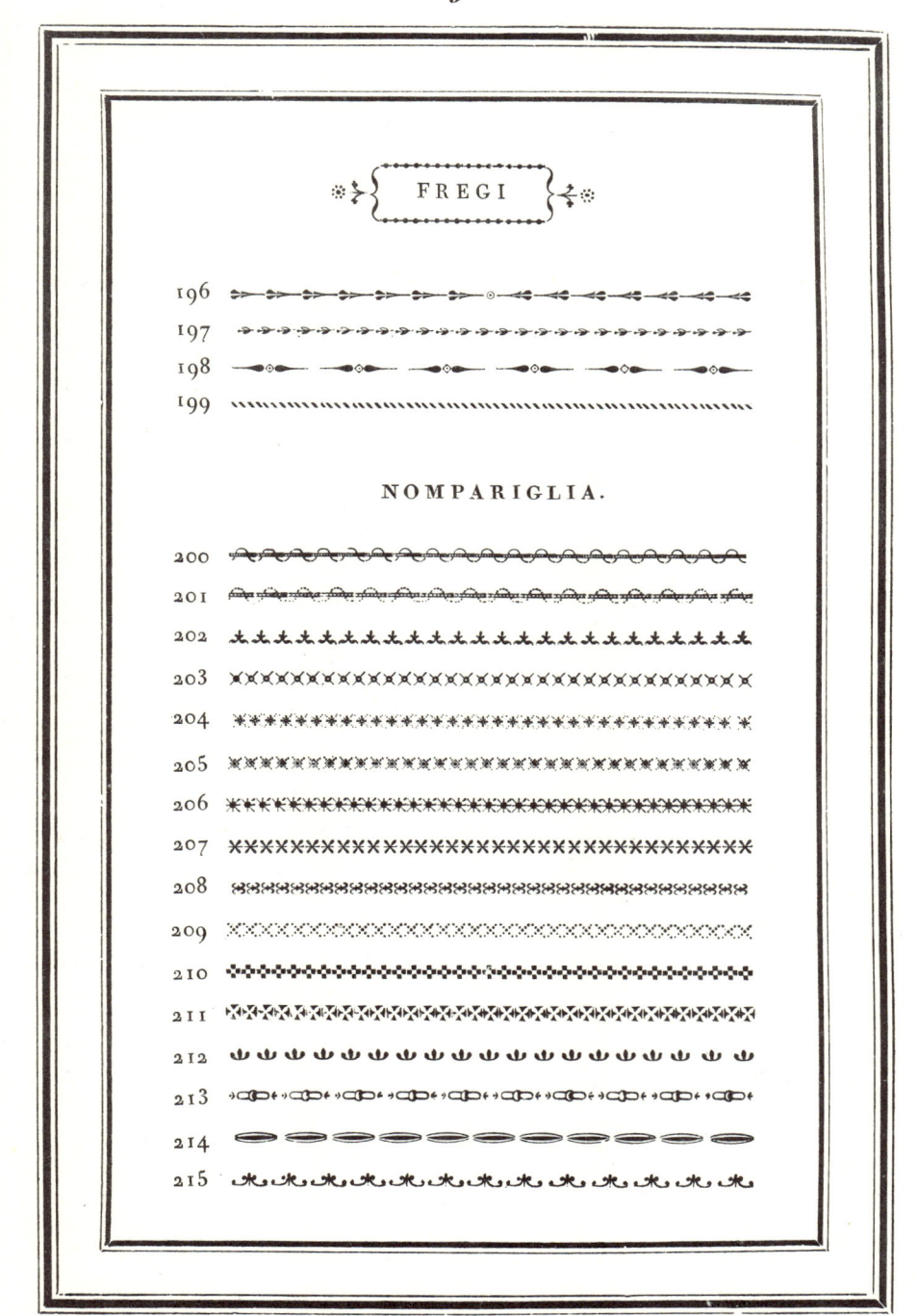

FREGI

196

197

198

199

NOMPARIGLIA.

200

201

202

203

204

205

206

207

208

209

210

211

212

213

214

215

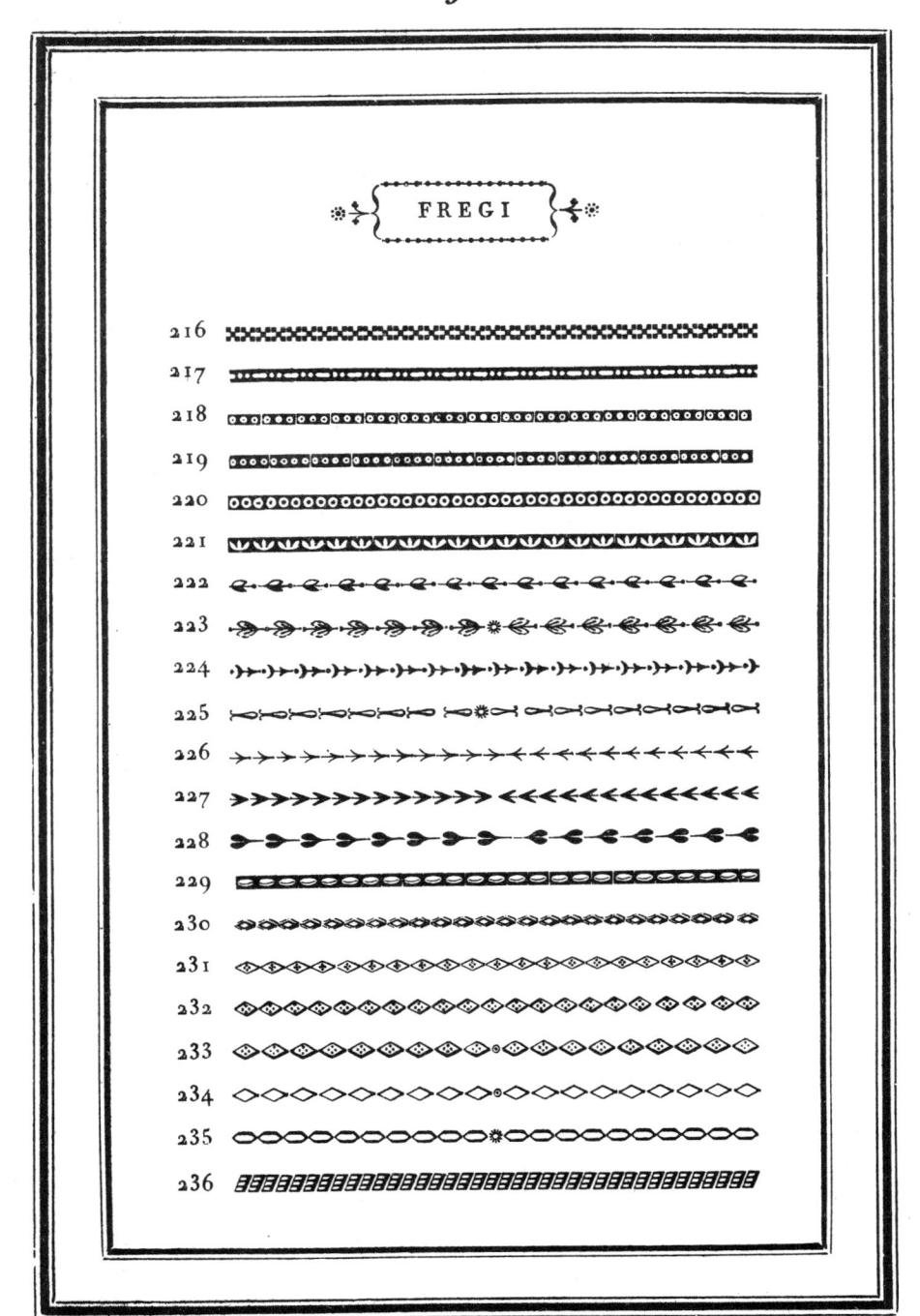

FREGI

216
217
218
219
220
221
222
223
224
225
226
227
228
229
230
231
232
233
234
235
236

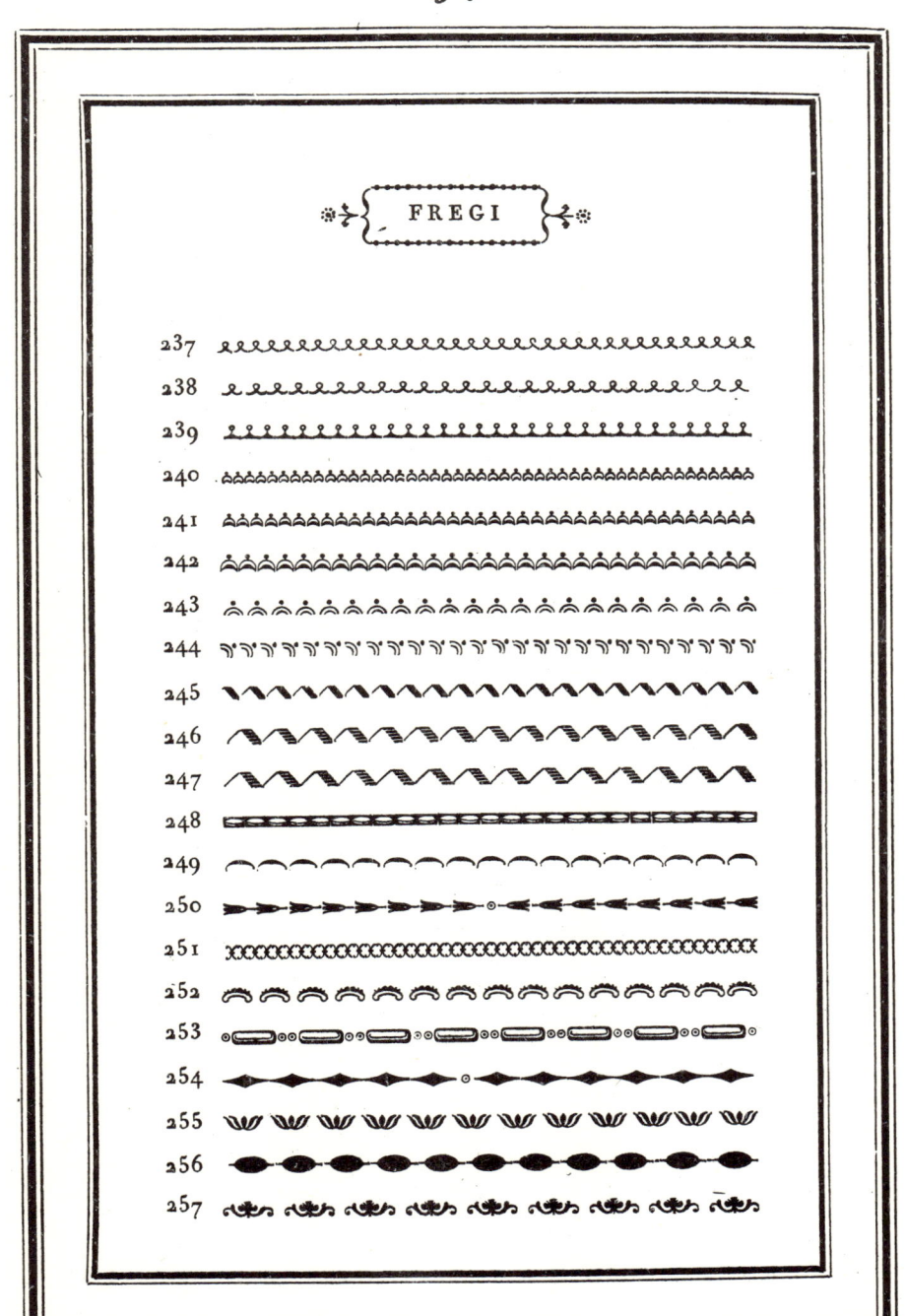

FREGI

237

238

239

240

241

242

243

244

245

246

247

248

249

250

251

252

253

254

255

256

257

FREGI

258	～～～～～～～～～～～～
259	～～～～～～～～～～～～
260	・・・・・・・・・・・・・
261	～～～～～～～～～～～～
262	～～～～～～～～～～～～
263	～～～～～～～～～～～～
264	～～～～～～～～～～～～
265	～～～～～～～～～～～～
266	～～～～～～～～～～～～
267	～～～～～～～～～～～～
268	≋≋≋≋≋≋≋≋≋≋≋
269	≋≋≋≋≋≋≋≋≋≋≋
270	≋≋≋≋≋≋≋≋≋≋≋
271	≋≋≋≋≋≋≋≋≋≋≋
272	↑↑↑↑↑↑↑↑↑↑↑↑↑↑↑
273	∩∩∩∩∩∩∩∩∩∩∩∩
274	∩∩∩∩∩∩∩∩∩∩∩∩
275	∩∩∩∩∩∩∩∩∩∩∩∩
276	∩∩∩∩∩∩∩∩∩∩∩∩
277	∩∩∩∩∩∩∩∩∩∩∩∩
278	♥♥♥♥♥♥♥♥♥♥♥♥

FREGI

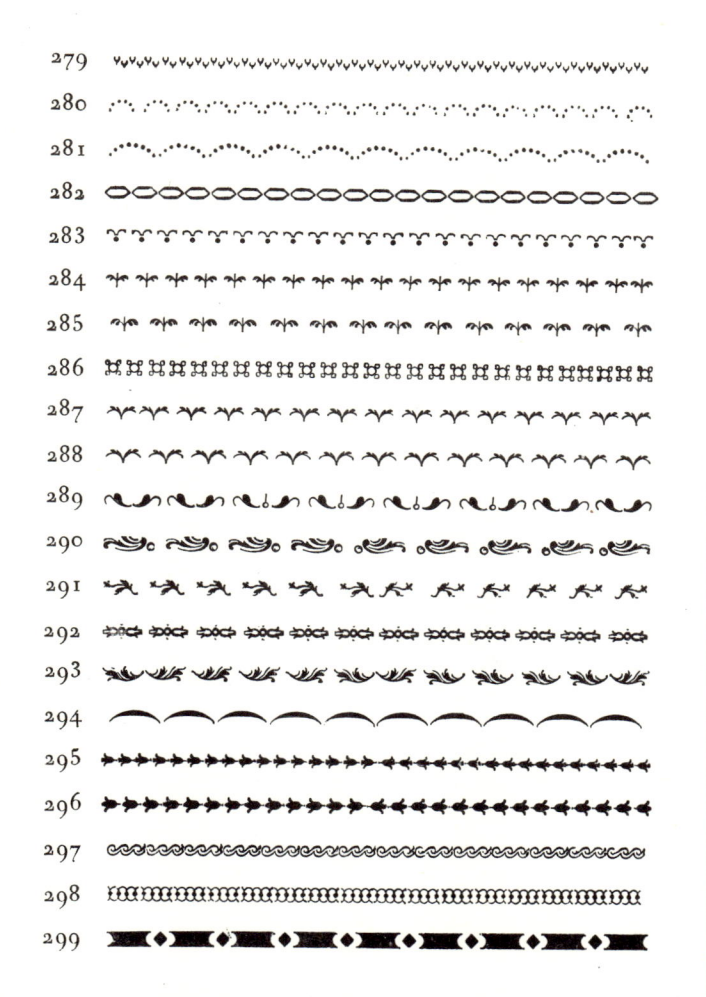

279
280
281
282
283
284
285
286
287
288
289
290
291
292
293
294
295
296
297
298
299

FREGI

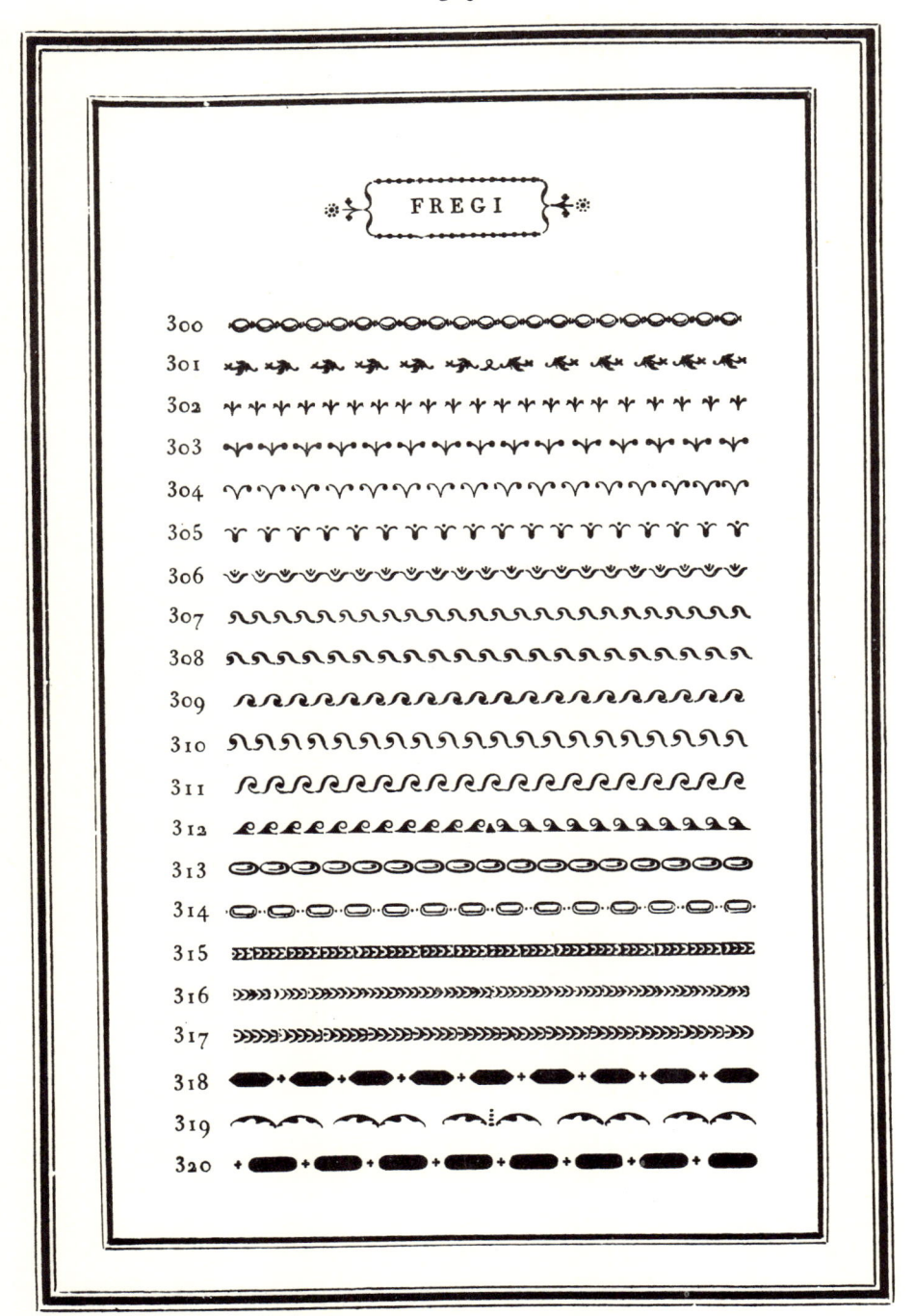

300

301

302

303

304

305

306

307

308

309

310

311

312

313

314

315

316

317

318

319

320

FREGI

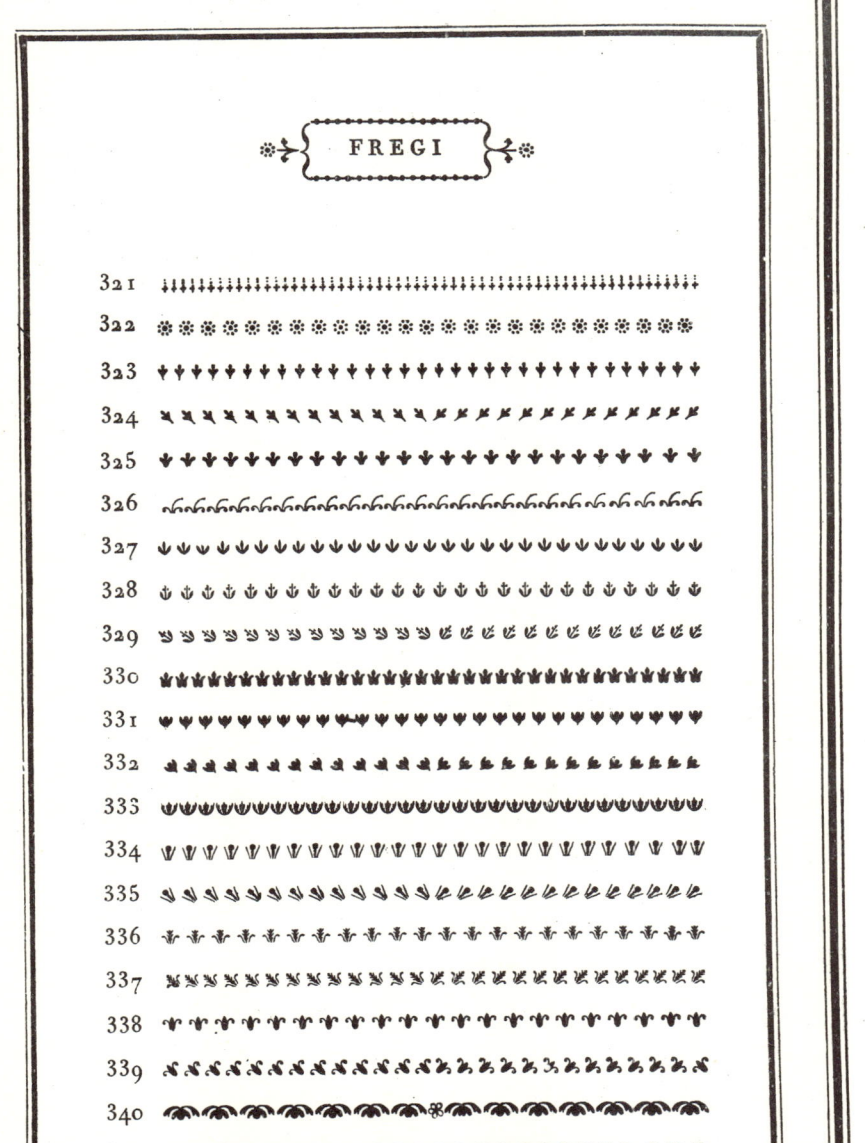

321

322

323

324

325

326

327

328

329

330

331

332

333

334

335

336

337

338

339

340

341

FREGI

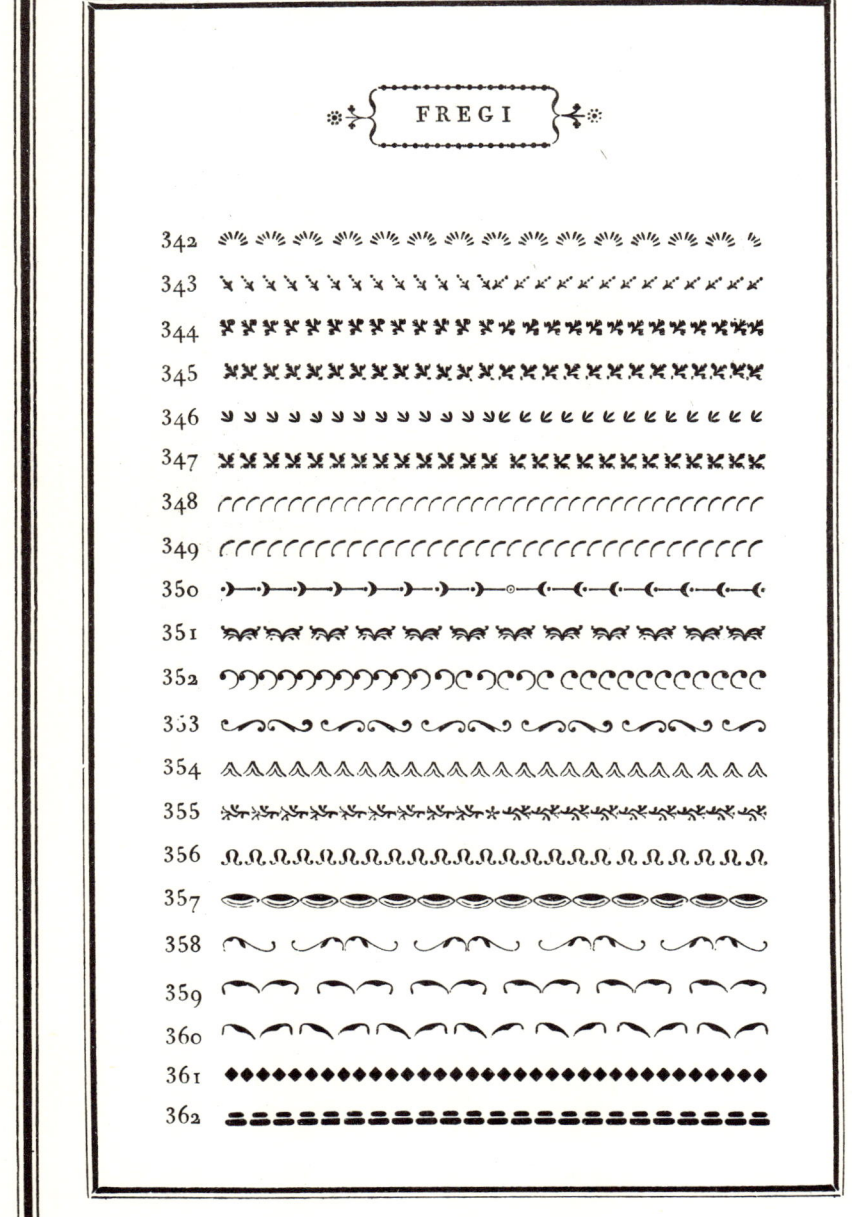

342

343

344

345

346

347

348

349

350

351

352

353

354

355

356

357

358

359

360

361

362

FREGI

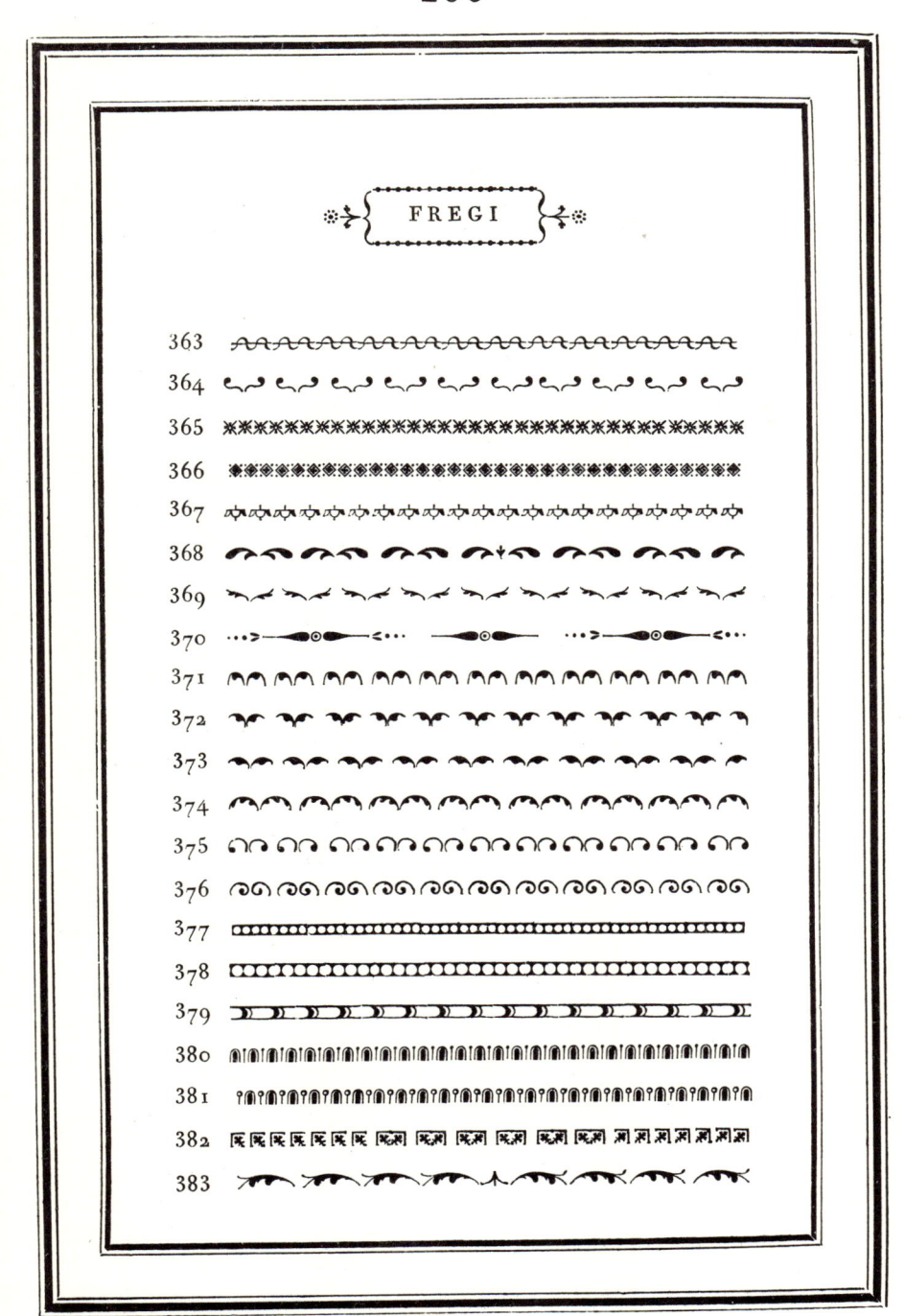

363

364

365

366

367

368

369

370

371

372

373

374

375

376

377

378

379

380

381

382

383

FREGI

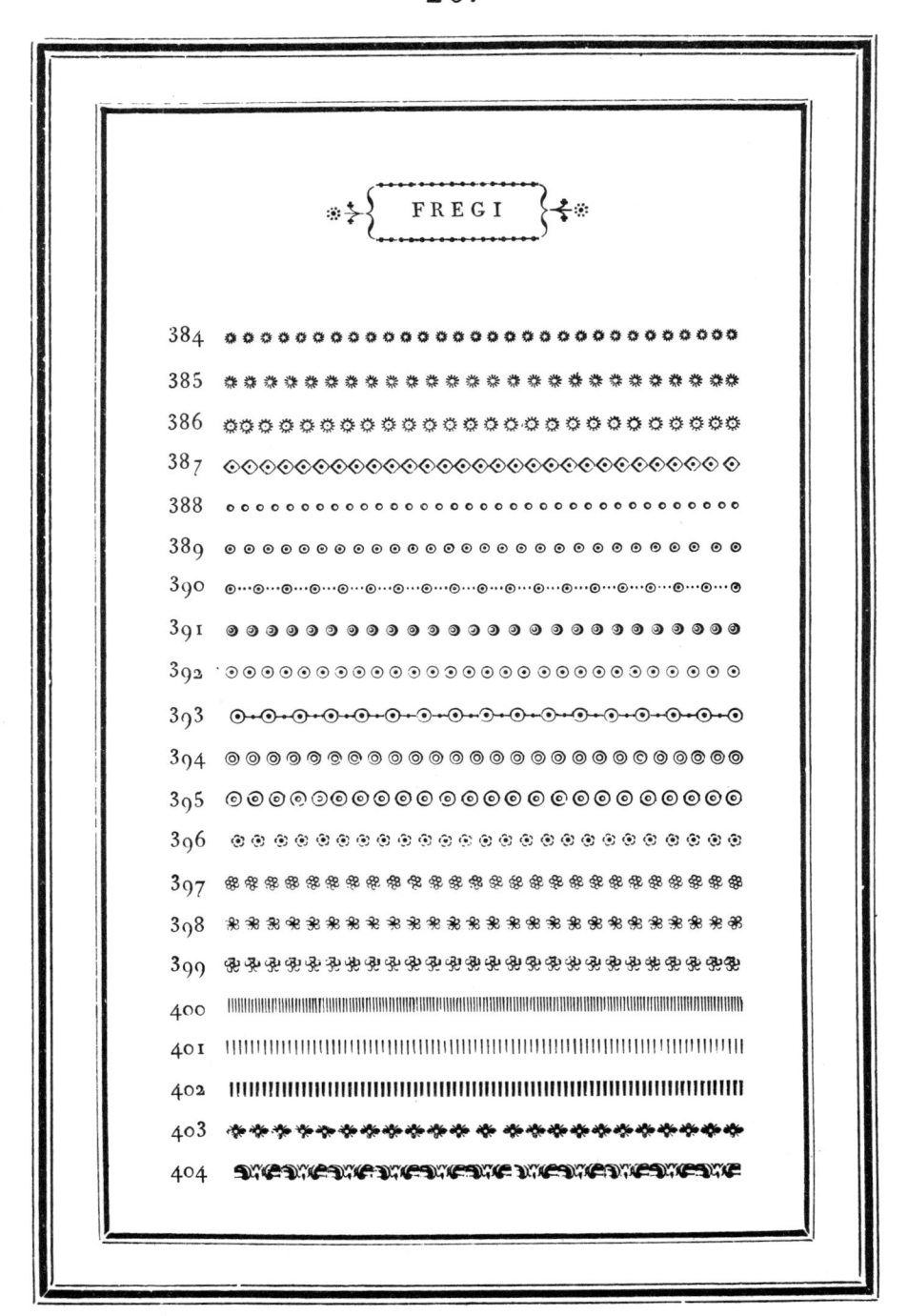

384
385
386
387
388
389
390
391
392
393
394
395
396
397
398
399
400
401
402
403
404

FREGI

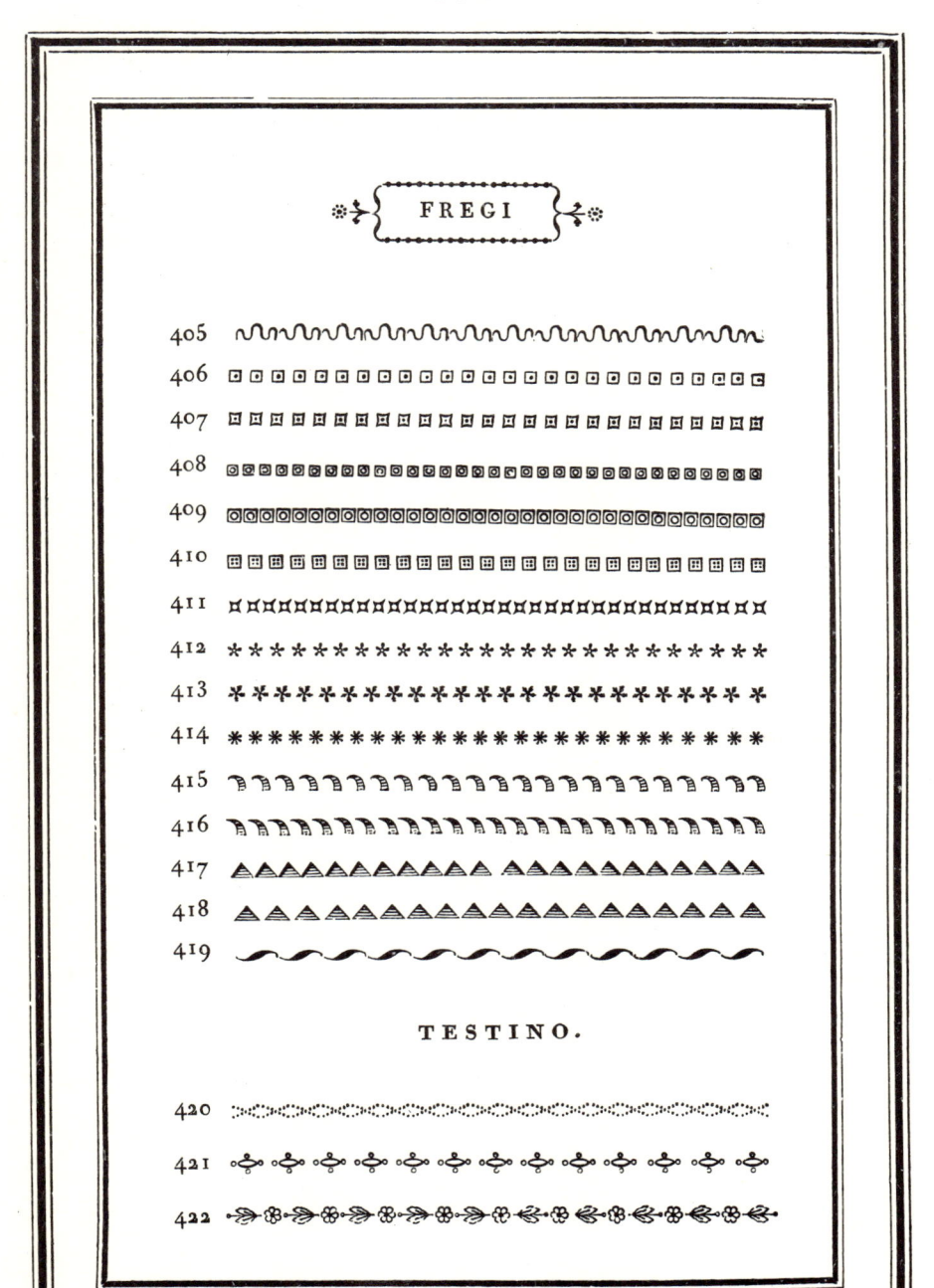

405 〰〰〰〰〰〰〰〰〰〰〰〰〰〰〰
406 ▫▫▫▫▫▫▫▫▫▫▫▫▫▫▫▫▫▫▫▫▫▫▫▫
407 ▫▫▫▫▫▫▫▫▫▫▫▫▫▫▫▫▫▫▫▫▫▫▫▫
408 ▫▫▫▫▫▫▫▫▫▫▫▫▫▫▫▫▫▫▫▫▫▫▫▫
409 ◉◉◉◉◉◉◉◉◉◉◉◉◉◉◉◉◉◉◉◉◉◉◉
410 ▣▣▣▣▣▣▣▣▣▣▣▣▣▣▣▣▣▣▣▣▣▣▣
411 ⋈⋈⋈⋈⋈⋈⋈⋈⋈⋈⋈⋈⋈⋈⋈⋈⋈⋈⋈⋈⋈
412 ✶✶✶✶✶✶✶✶✶✶✶✶✶✶✶✶✶✶✶✶✶✶
413 ✾✾✾✾✾✾✾✾✾✾✾✾✾✾✾✾✾✾✾✾✾✾
414 ✳✳✳✳✳✳✳✳✳✳✳✳✳✳✳✳✳✳✳✳✳✳
415 ⌒⌒⌒⌒⌒⌒⌒⌒⌒⌒⌒⌒⌒⌒⌒⌒⌒⌒⌒⌒
416 ⌒⌒⌒⌒⌒⌒⌒⌒⌒⌒⌒⌒⌒⌒⌒⌒⌒⌒⌒⌒
417 ▲▲▲▲▲▲▲▲ ▲▲▲▲▲▲▲▲
418 ▲▲▲▲▲▲▲▲▲▲▲▲▲▲▲▲
419 〰〰〰〰〰〰〰〰〰〰〰〰〰〰

TESTINO.

420 ⋯⋯⋯⋯⋯⋯⋯⋯⋯⋯⋯⋯⋯⋯⋯⋯
421 ⋄⋄⋄⋄⋄⋄⋄⋄⋄⋄⋄⋄⋄⋄⋄⋄⋄⋄
422 ❀❀❀❀❀❀❀❀❀❀❀❀❀❀

FREGI

423

424

425

426

427

428

429

430

431

432

433

434

435

436

437

438

439

440

FREGI

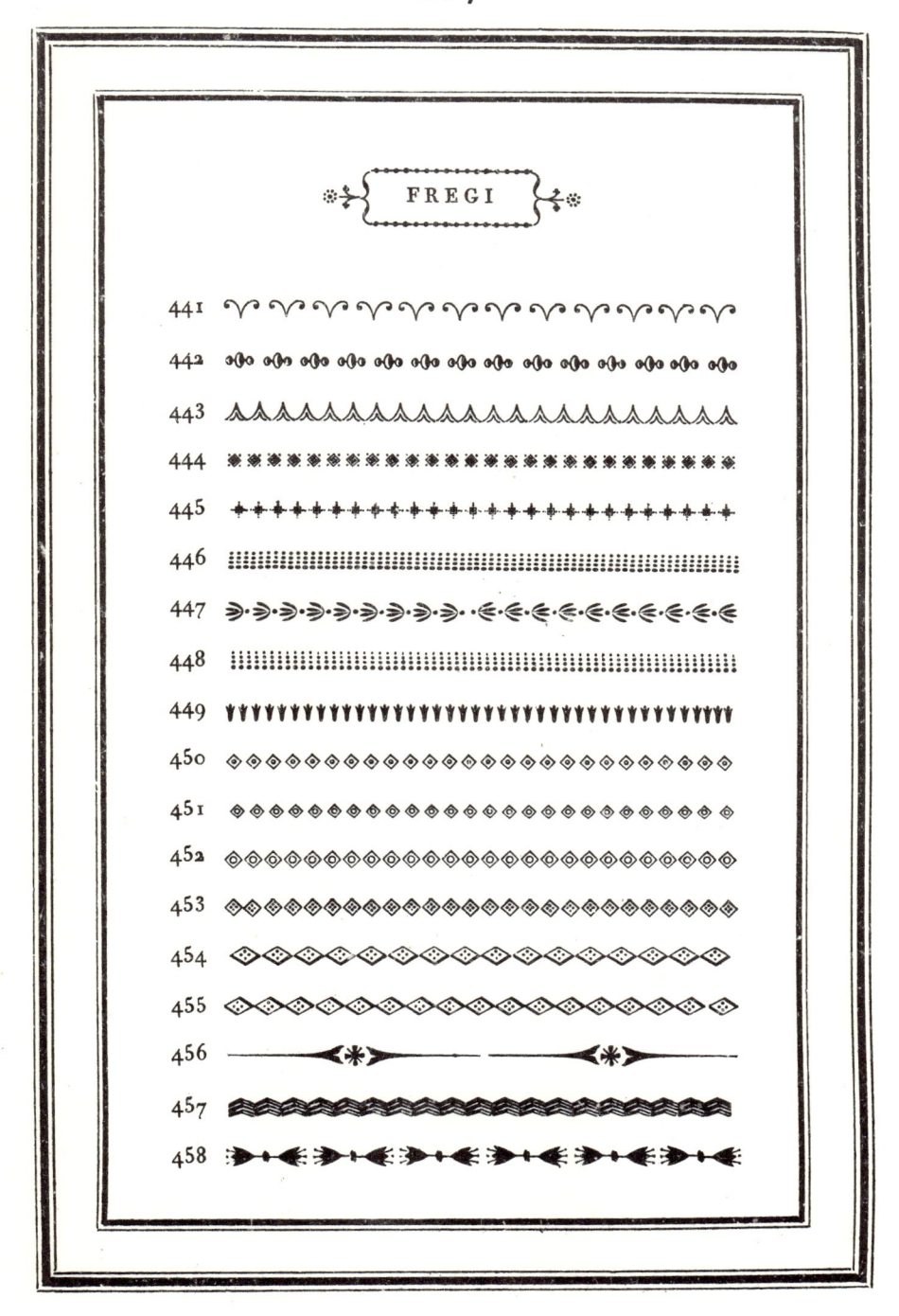

441

442

443

444

445

446

447

448

449

450

451

452

453

454

455

456

457

458

FREGI

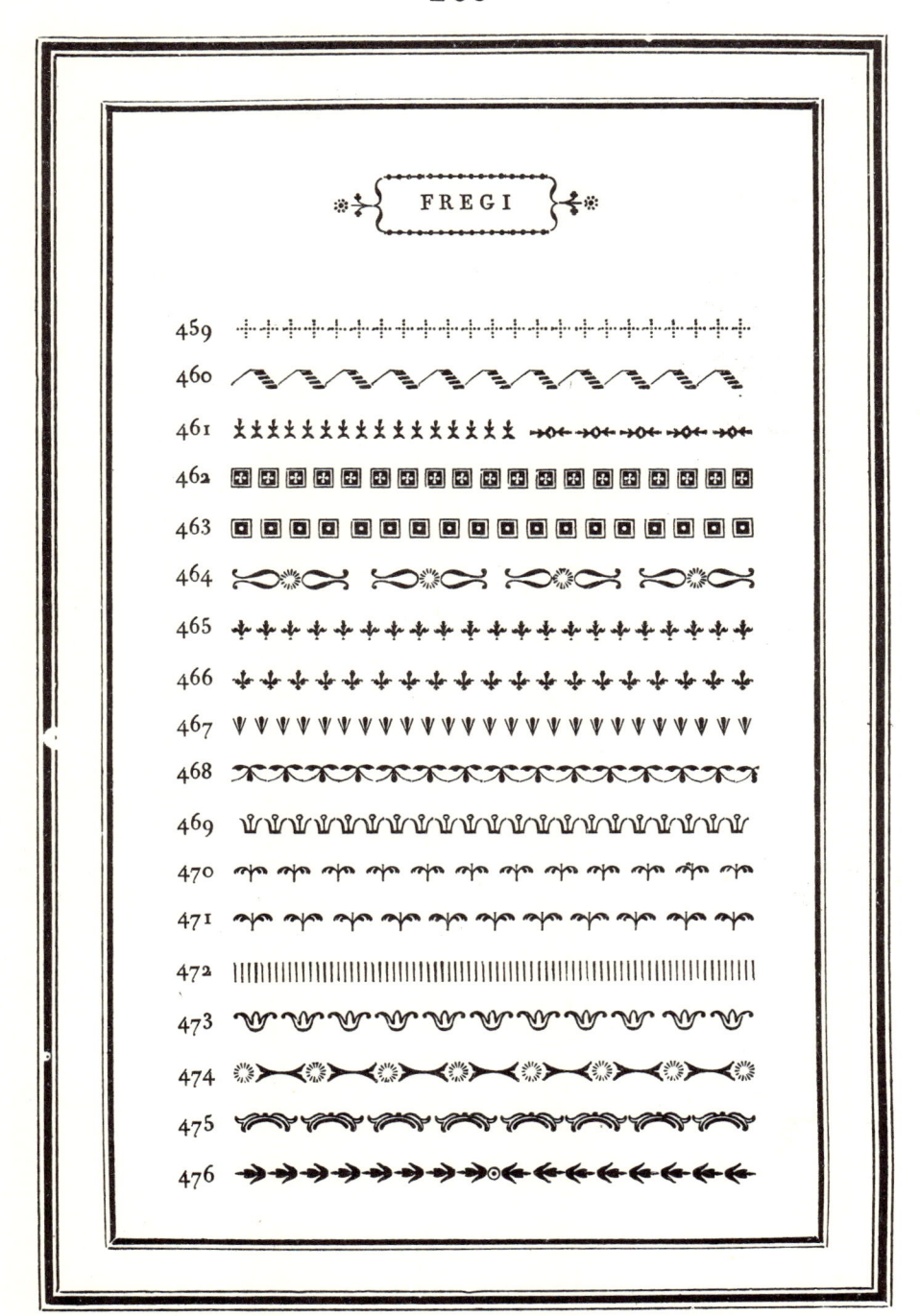

459

460

461

462

463

464

465

466

467

468

469

470

471

472

473

474

475

476

FREGI

477

478

479

480

481

482

483

484

485

486

487

488

489

490

491

492

493

494

FREGI

495

496

497

498

499

500

501

502

503

504

505

506

507

508

509

510

511

512

FREGI

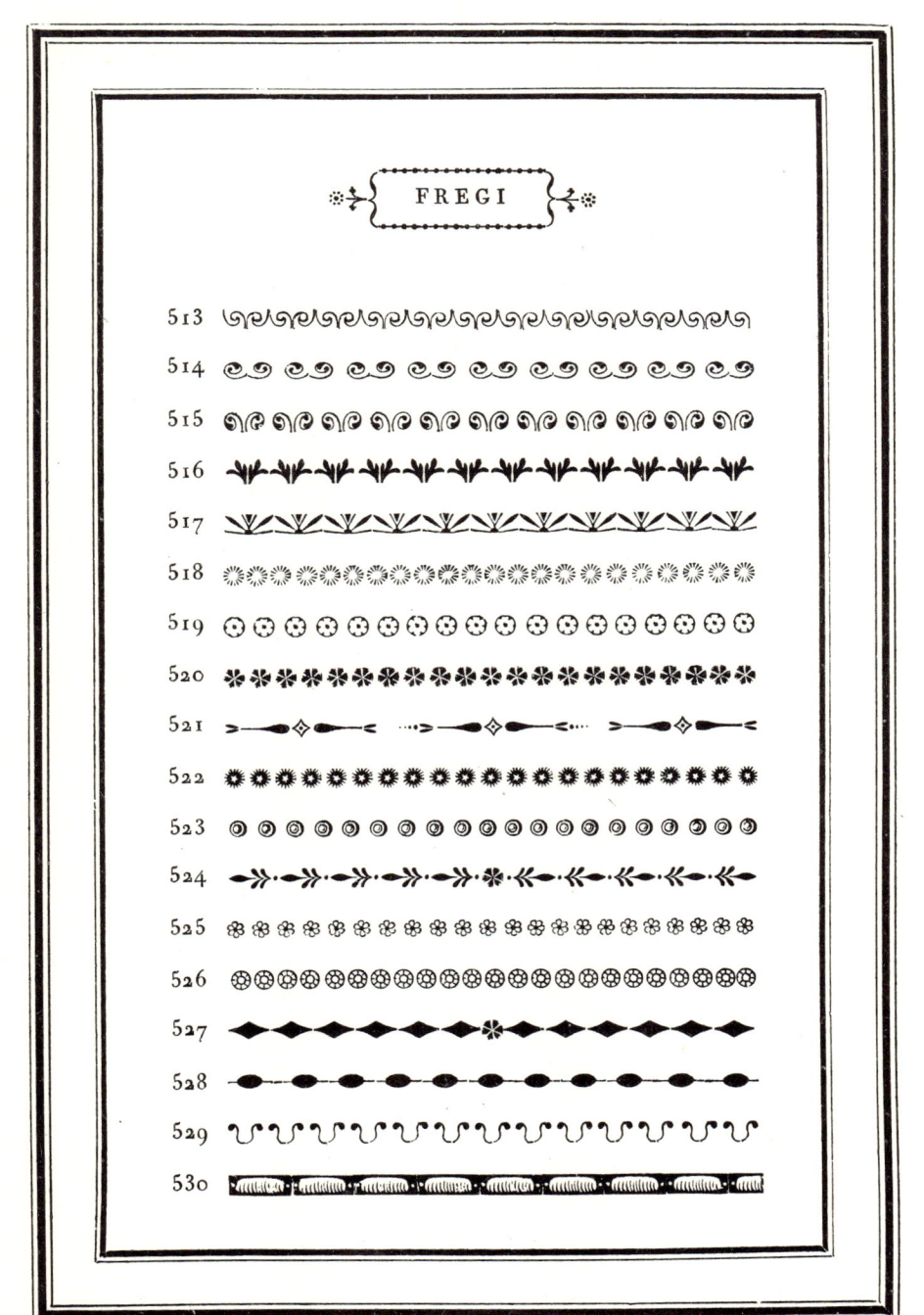

513
514
515
516
517
518
519
520
521
522
523
524
525
526
527
528
529
530

FREGI

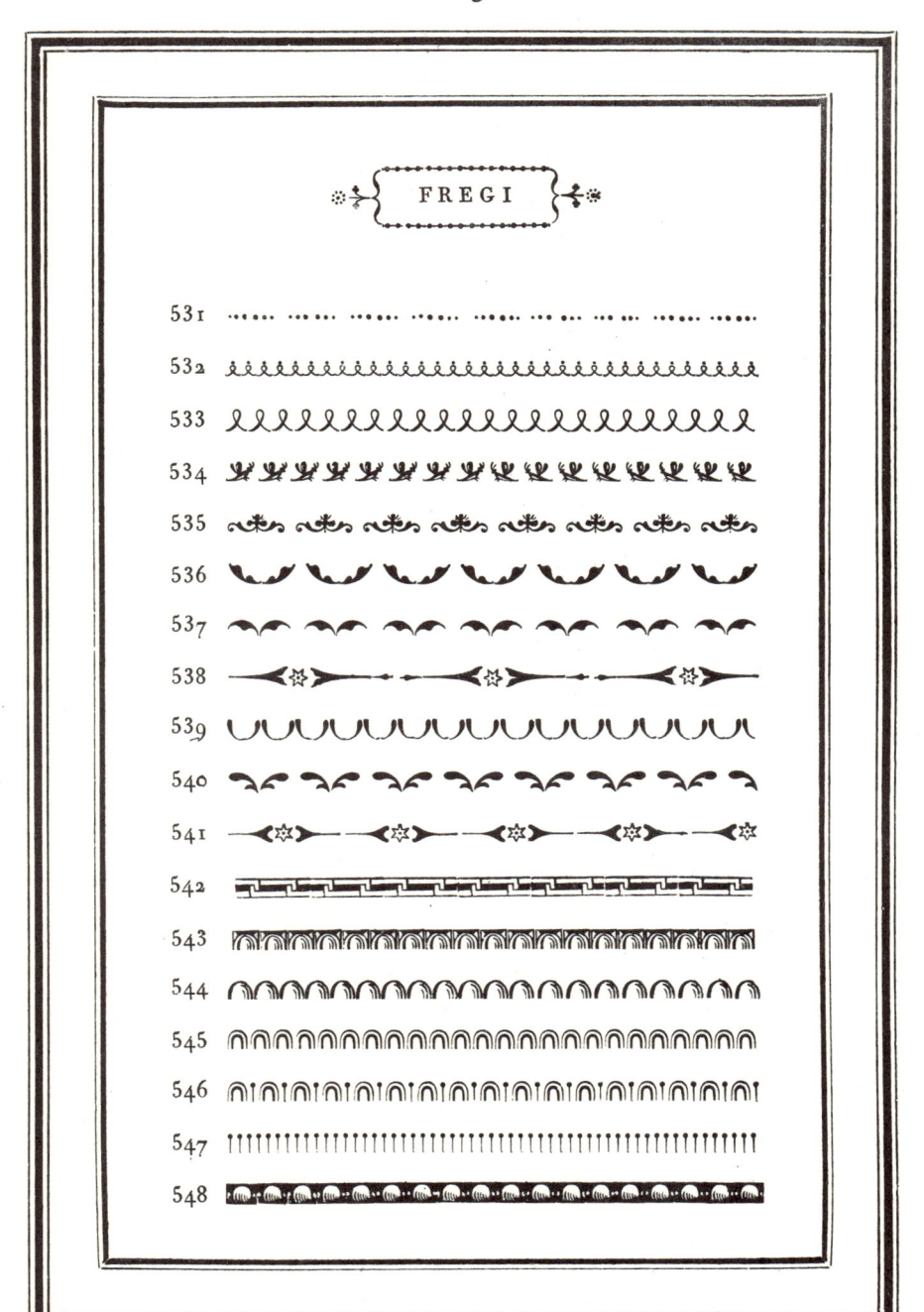

531

532

533

534

535

536

537

538

539

540

541

542

543

544

545

546

547

548

FREGI

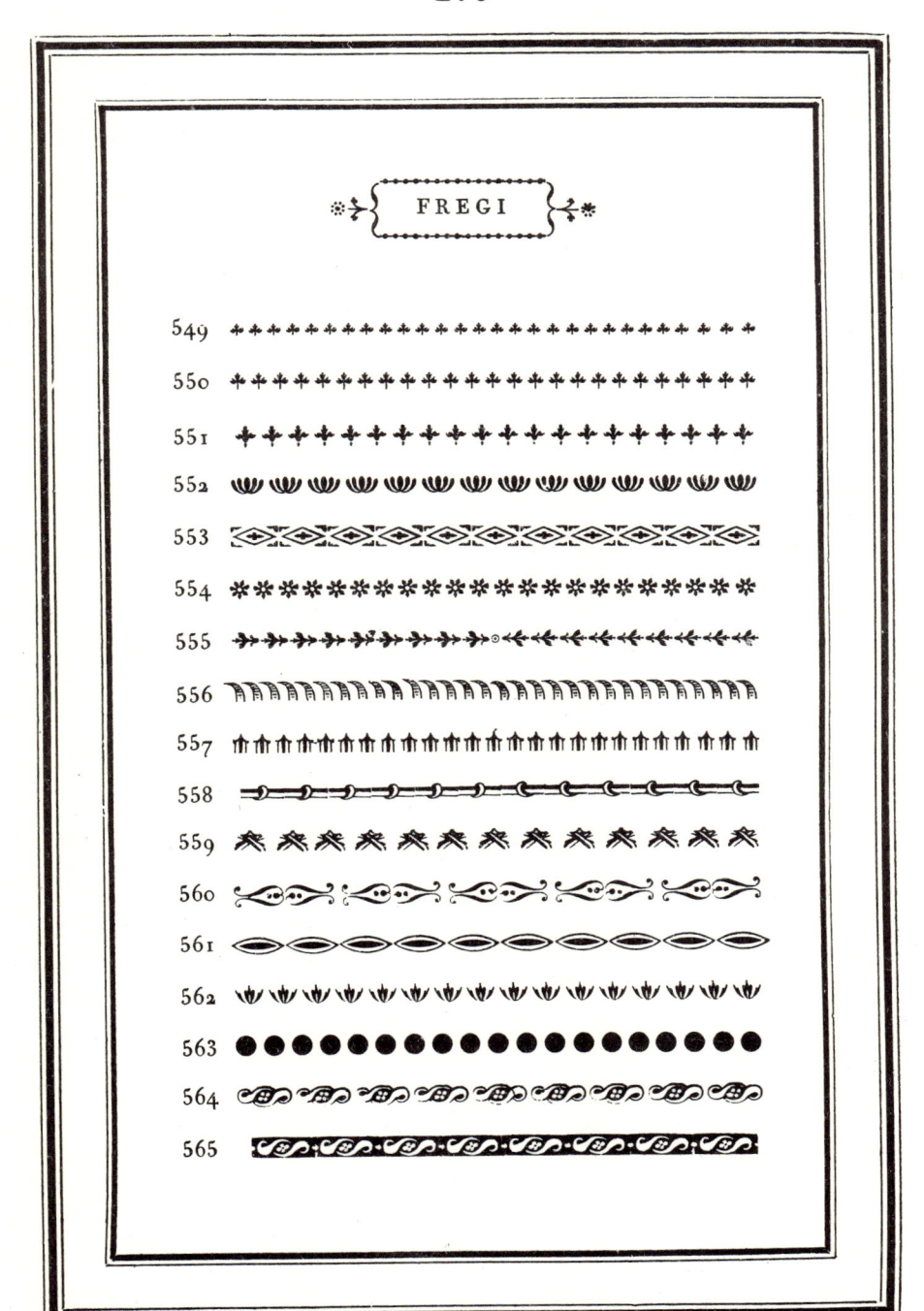

549

550

551

552

553

554

555

556

557

558

559

560

561

562

563

564

565

FREGI

GARAMONE.

566
567
568
569
570
571
572
573
574
575
576
577
578
579

FREGI

580

581

582

583

584

585

586

587

588

589

590

591

592

593

594

595

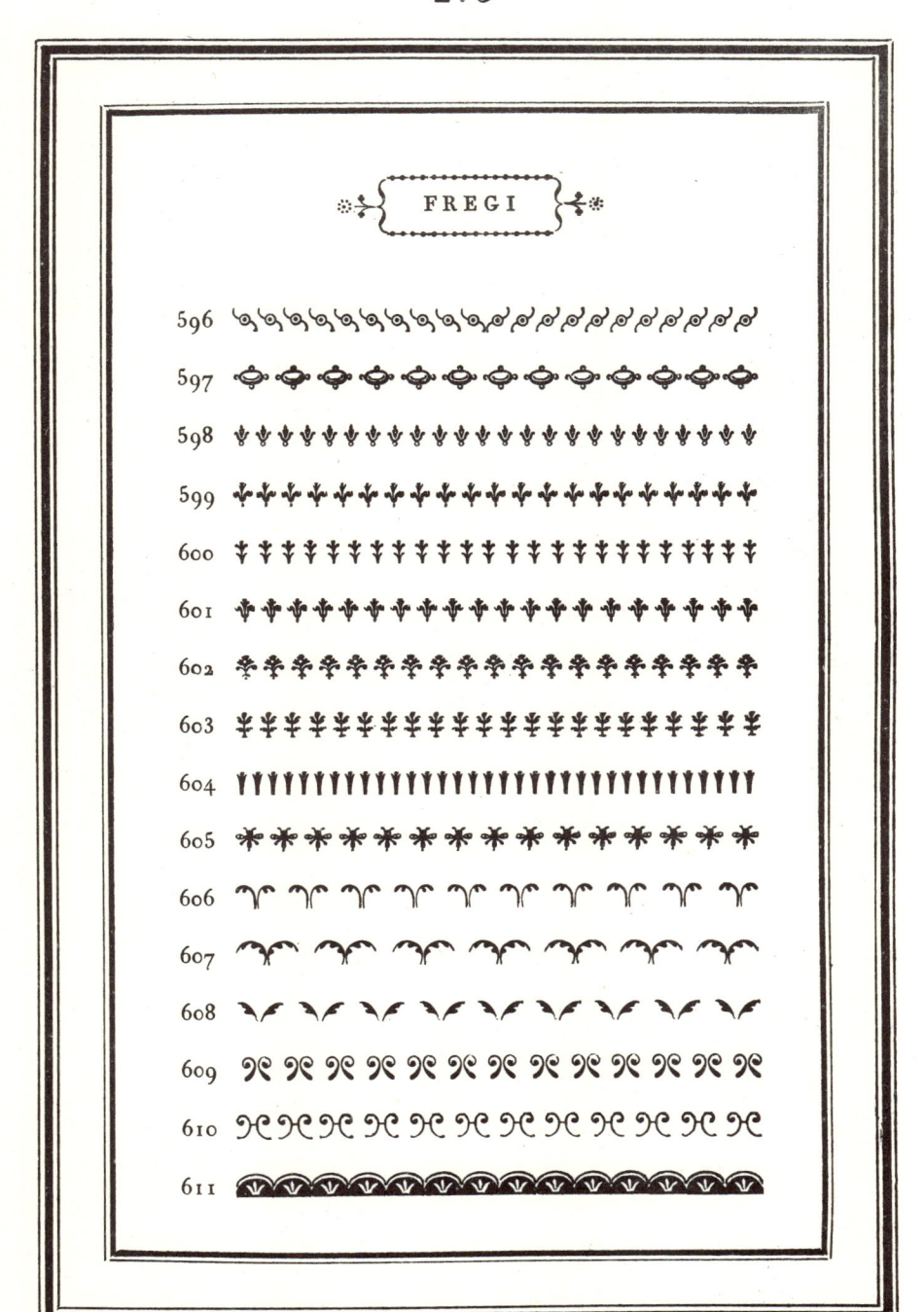

FREGI

596
597
598
599
600
601
602
603
604
605
606
607
608
609
610
611

FREGI

612

613

614

615

616

617

618

619

620

621

622

623

624

625

626

627

FREGI

628 ⚜⚜⚜⚜⚜⚜⚜⚜⚜⚜⚜⚜⚜
629 ⚜⚜⚜⚜⚜⚜⚜⚜⚜⚜⚜⚜⚜
630 ⊙⊙⊙⊙⊙⊙⊙⊙⊙⊙⊙⊙⊙
631 ⊙⊙⊙⊙⊙⊙⊙⊙⊙⊙⊙⊙
632 ❋❋❋❋❋❋❋❋❋❋❋❋❋
633 ❊ ❊ ❊ ❊ ❊ ❊ ❊ ❊ ❊ ❊ ❊ ❊
634 ❃❃❃❃❃❃❃❃❃❃❃❃❃
635 ✿ ✿ ✿ ✿ ✿ ✿ ✿ ✿ ✿ ✿ ✿ ✿
636 ✺✺✺✺✺✺✺✺✺✺✺✺✺
637 ✳✳✳✳✳✳✳✳✳✳✳✳✳✳✳✳✳✳✳
638 ✷ ✷ ✷ ✷ ✷ ✷ ✷ ✷ ✷ ✷ ✷ ✷ ✷
639 ●●●●●●●●●●●●●●●
640 ◉◉◉◉◉◉◉◉◉◉◉◉◉
641 ❂❂❂❂❂❂❂❂❂❂❂❂❂
642 ✾ ✾ ✾ ✾ ✾ ✾ ✾ ✾ ✾ ✾ ✾ ✾
643 ⟩C⟨⟩C⟨⟩C⟨⟩C⟨⟩C⟨⟩C⟨⟩C⟨⟩C⟨⟩C⟨

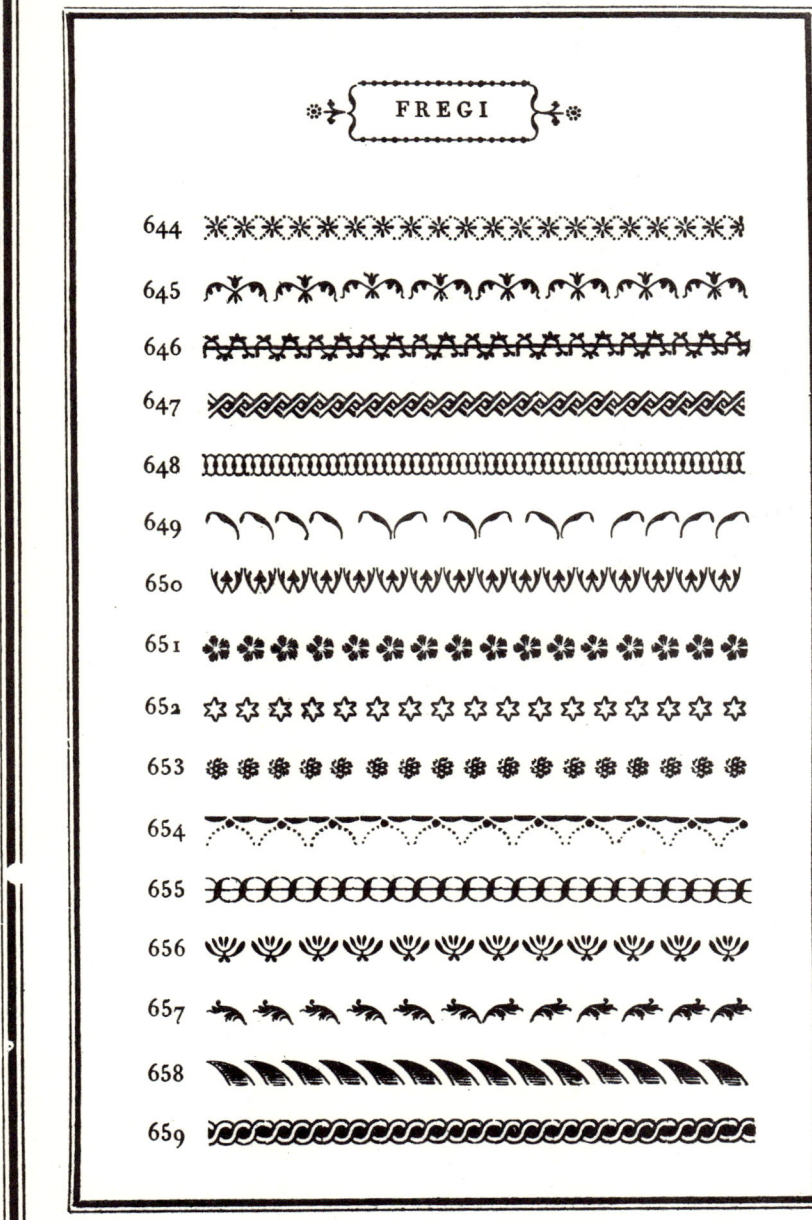

FREGI

644
645
646
647
648
649
650
651
652
653
654
655
656
657
658
659

FREGI

660
661
662
663
664
665
666
667
668
669
670
671
672
673
674
675

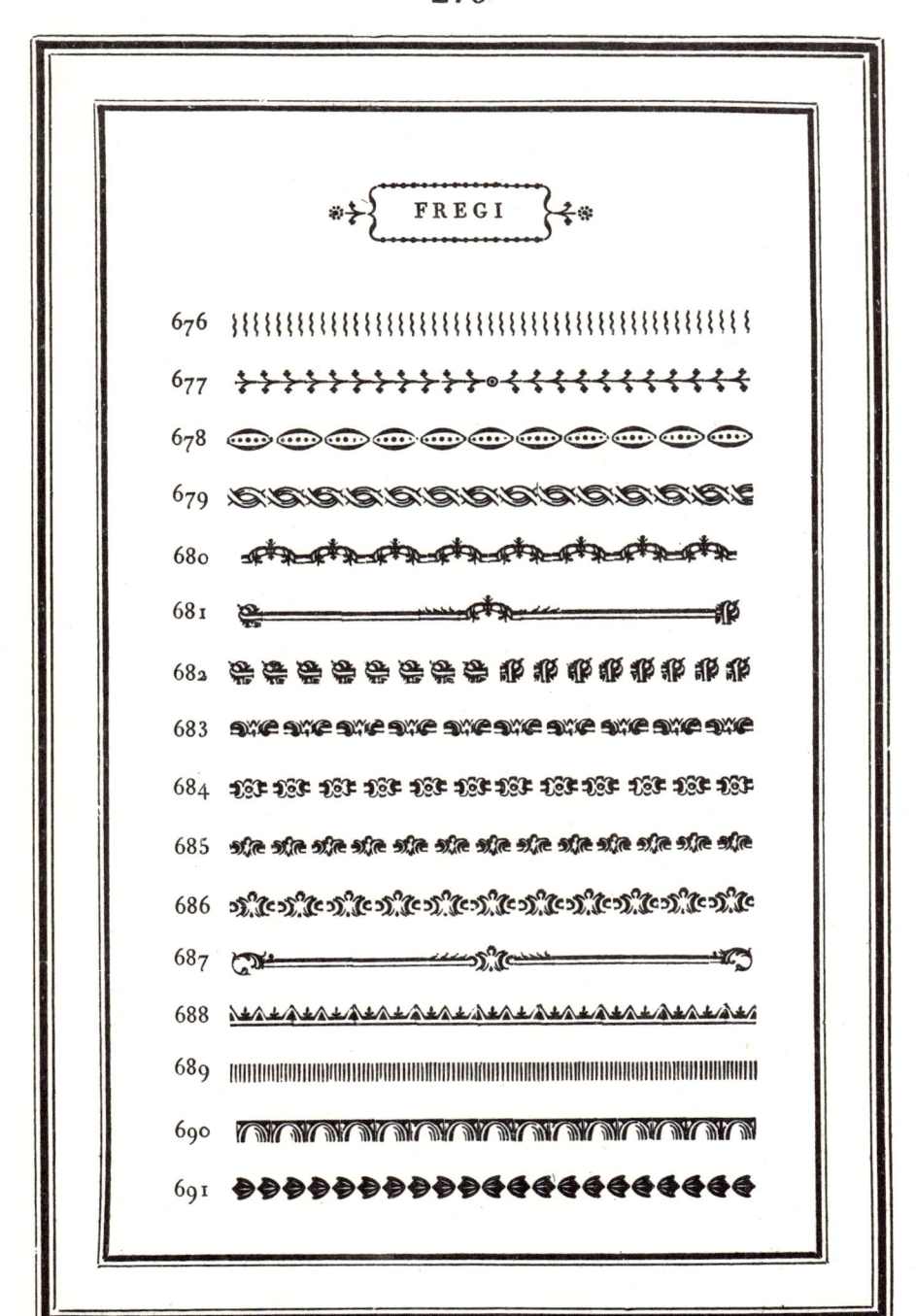

FREGI

676
677
678
679
680
681
682
683
684
685
686
687
688
689
690
691

FREGI

692
693
694
695
696
697
698
699
700
701
702
703
704
705
706

FREGI

LETTURA.

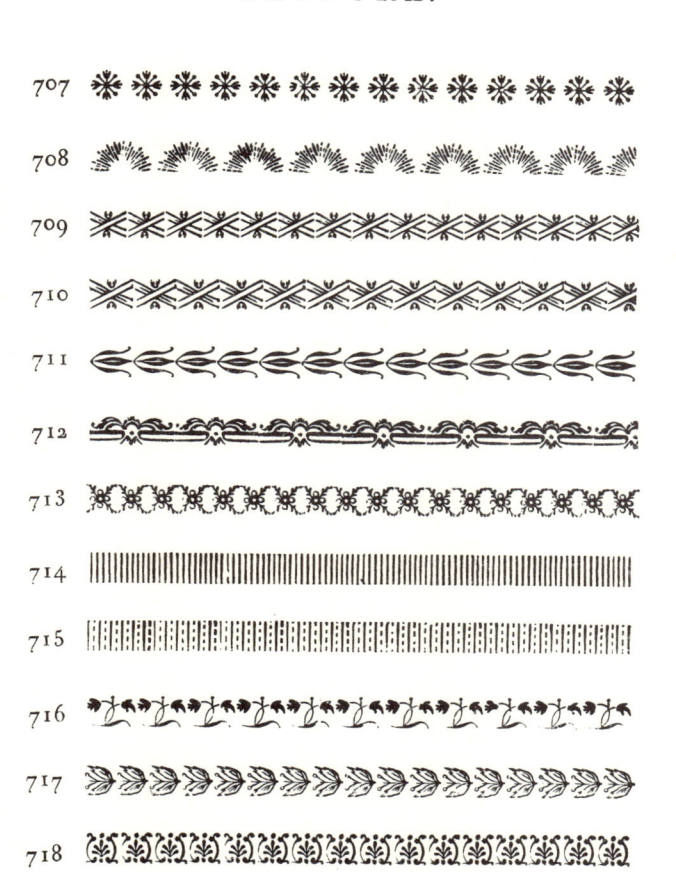

707
708
709
710
711
712
713
714
715
716
717
718

FREGI

719
720
721
722
723
724
725
726
727
728
729
730
731
732

FREGI

733
734
735
736
737
738
739
740
741
742
743
744
745
746

FREGI

747
748
749
750
751
752
753
754
755
756
757
758
759
760

FREGI

761

762

763

764

765

766

767

768

769

770

771

772

773

774

FREGI

775 [ornament]
776 [ornament]
777 [ornament]
778 [ornament]
779 [ornament]
780 [ornament]
781 [ornament]
782 [ornament]
783 [ornament]
784 [ornament]
785 [ornament]
786 [ornament]
787 [ornament]
788 [ornament]

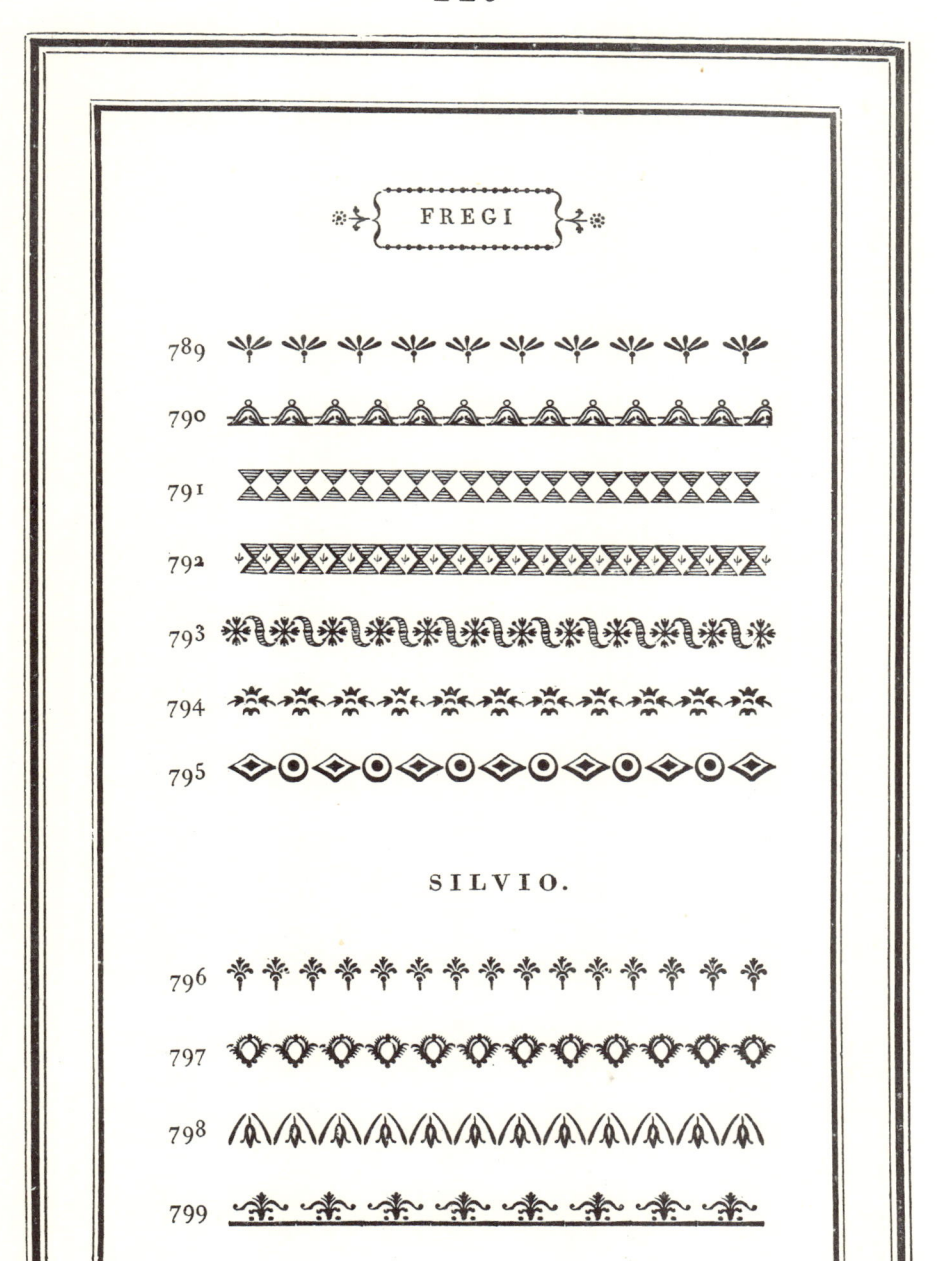

FREGI

789
790
791
792
793
794
795

SILVIO.

796
797
798
799

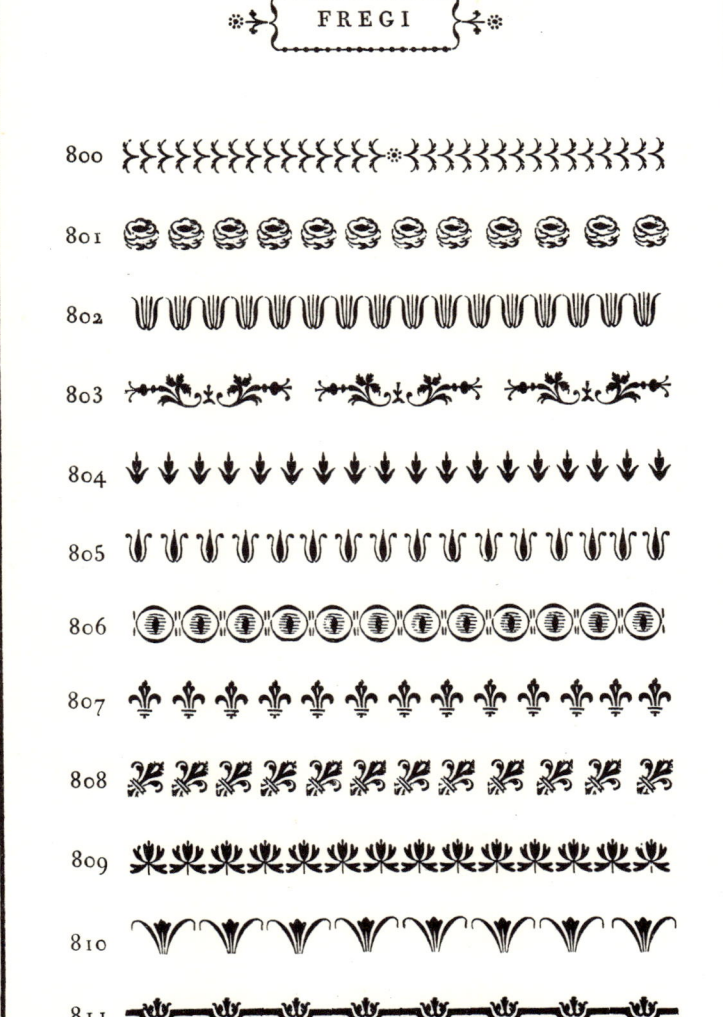

FREGI

800
801
802
803
804
805
806
807
808
809
810
811

FREGI

812
813
814
815
816
817
818
819
820
821
822
823

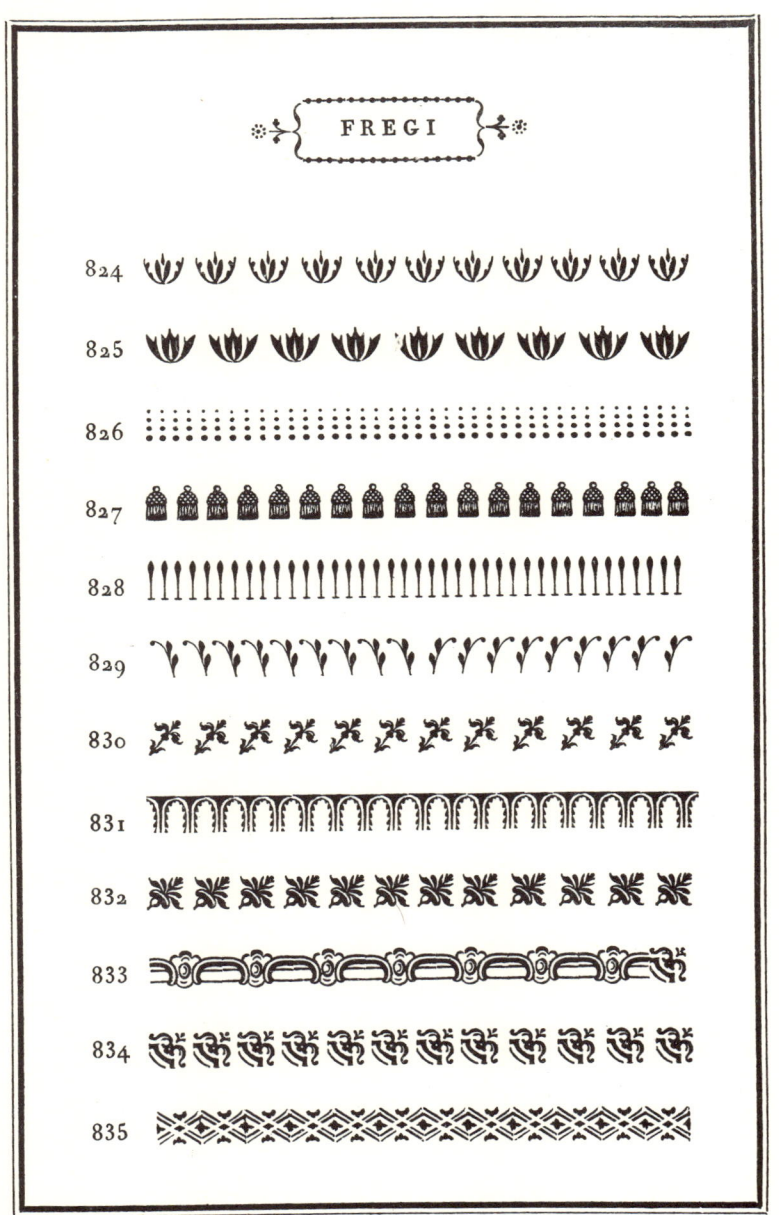

FREGI

824
825
826
827
828
829
830
831
832
833
834
835

FREGI

836
837
838
839
840
841
842
843
844
845
846
847

FREGI

848
849
850
851
852
853
854
855
856
857
858
859

FREGI

860
861
862
863
864
865
866
867
868
869
870
871

FREGI

SOPRASILVIO.

872 ✺✺✺✺✺✺✺✺✺✺✺
873 ❊❊❊❊❊❊❊❊❊❊❊
874 ✳✳✳✳✳✳✳✳✳✳✳
875 ⌒⌒⌒⌒⌒⌒⌒⌒⌒⌒⌒
876 ⚜⚜⚜⚜⚜⚜⚜⚜⚜⚜⚜
877 ✻✻✻✻✻✻✻✻✻✻✻
878 ✳✳✳✳✳✳✳✳✳✳✳
879 ⚘⚘⚘⚘⚘⚘⚘⚘⚘⚘⚘
880 ✦✦✦✦✦✦✦✦✦✦✦
881 ❦❦❦❦❦❦❦❦❦

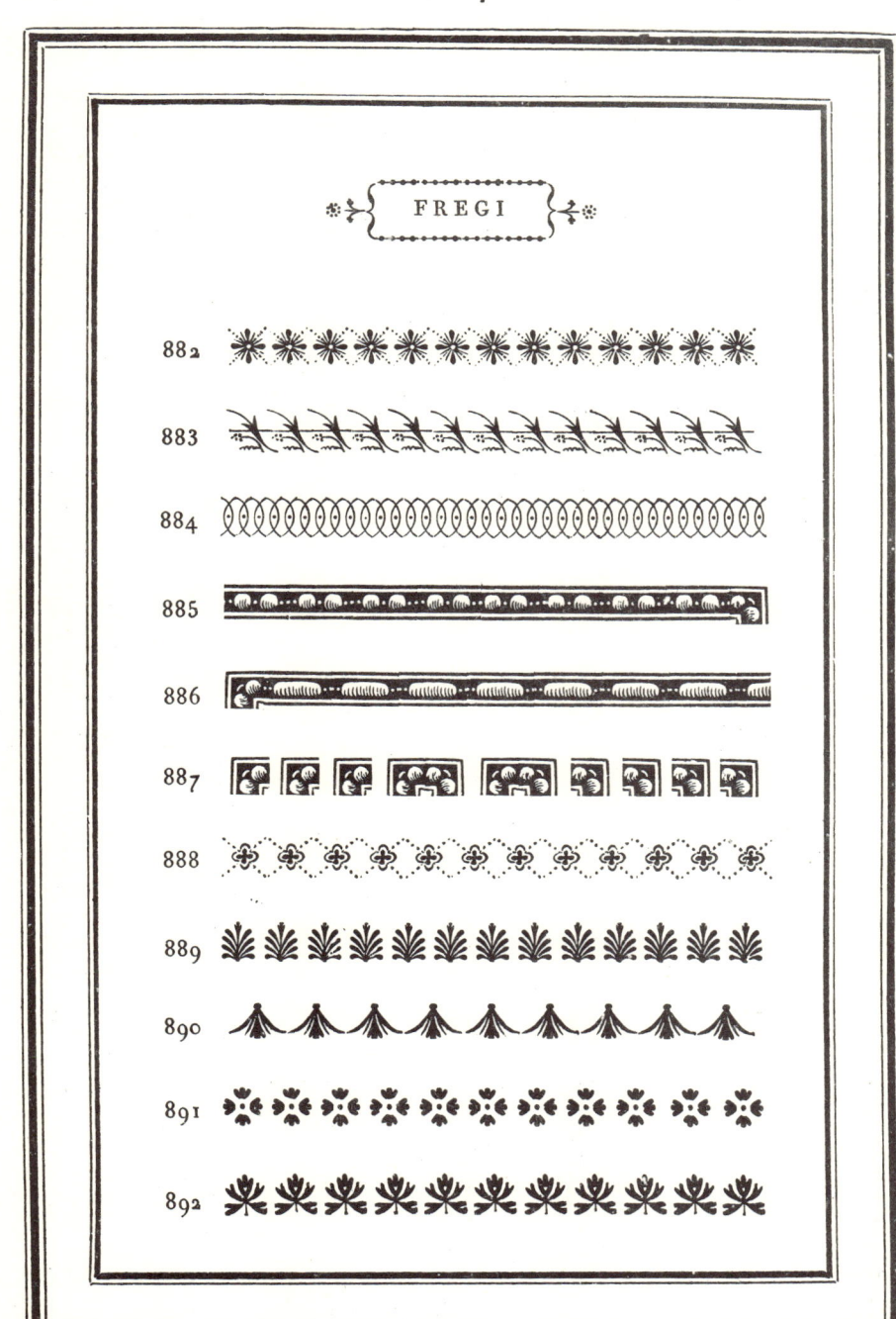

FREGI

882
883
884
885
886
887
888
889
890
891
892

FREGI

TESTO.

893
894
895
896
897
898
899
900
901

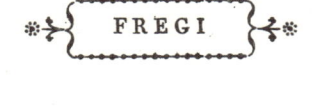

FREGI

902

903

904

905

906

907

908

909

910

911

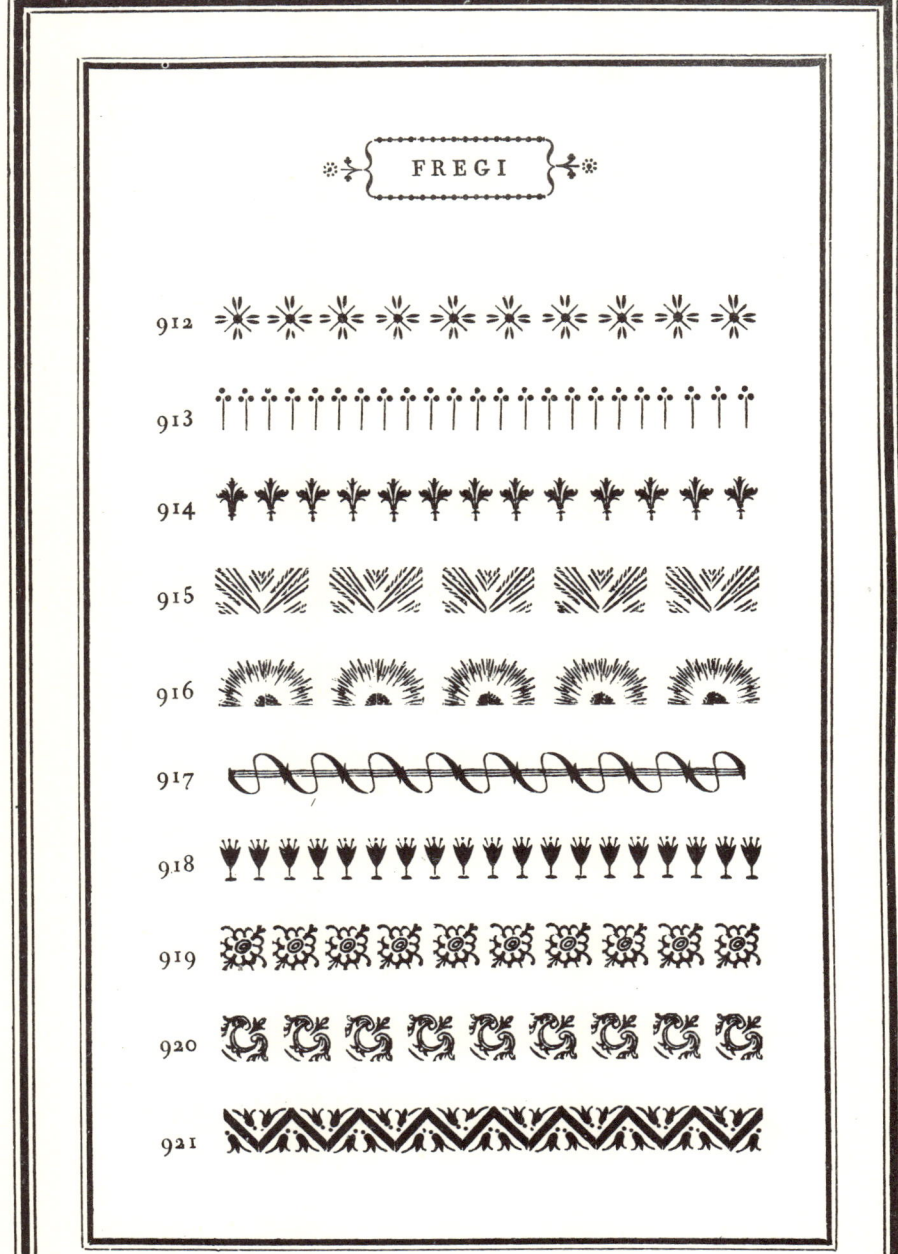

FREGI

912
913
914
915
916
917
918
919
920
921

238

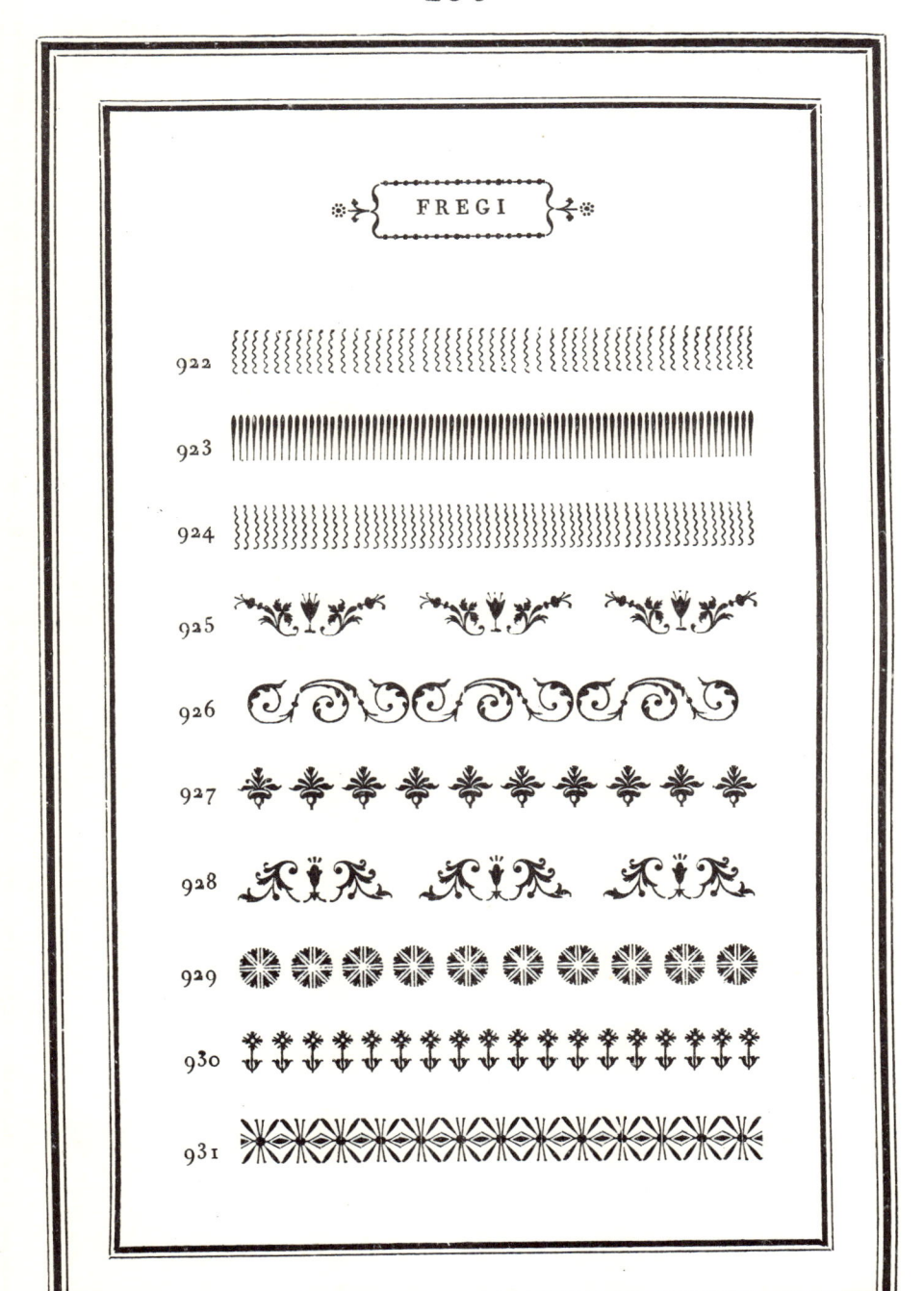

FREGI

922
923
924
925
926
927
928
929
930
931

60.

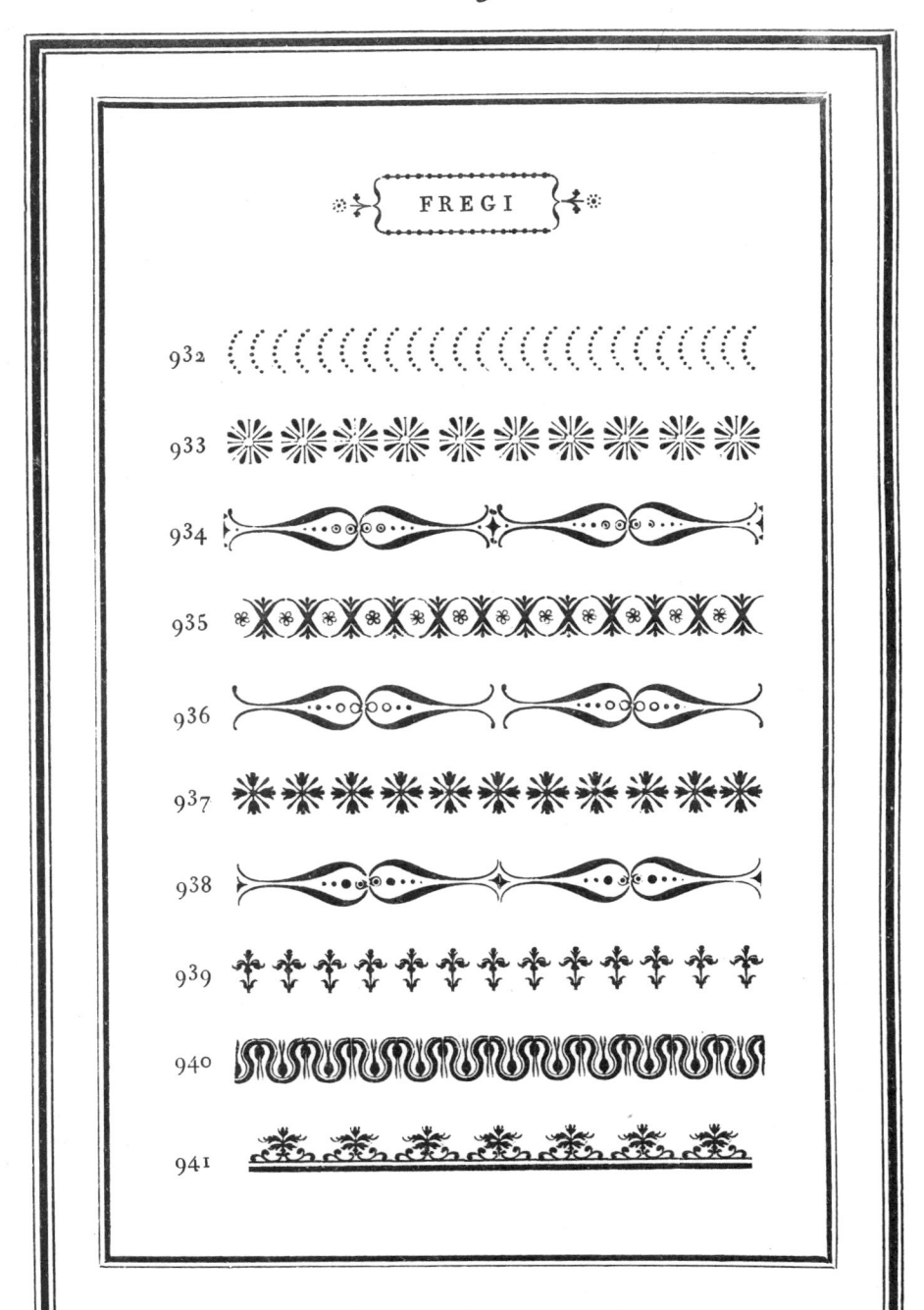

FREGI

932
933
934
935
936
937
938
939
940
941

FREGI

PARANGONE.

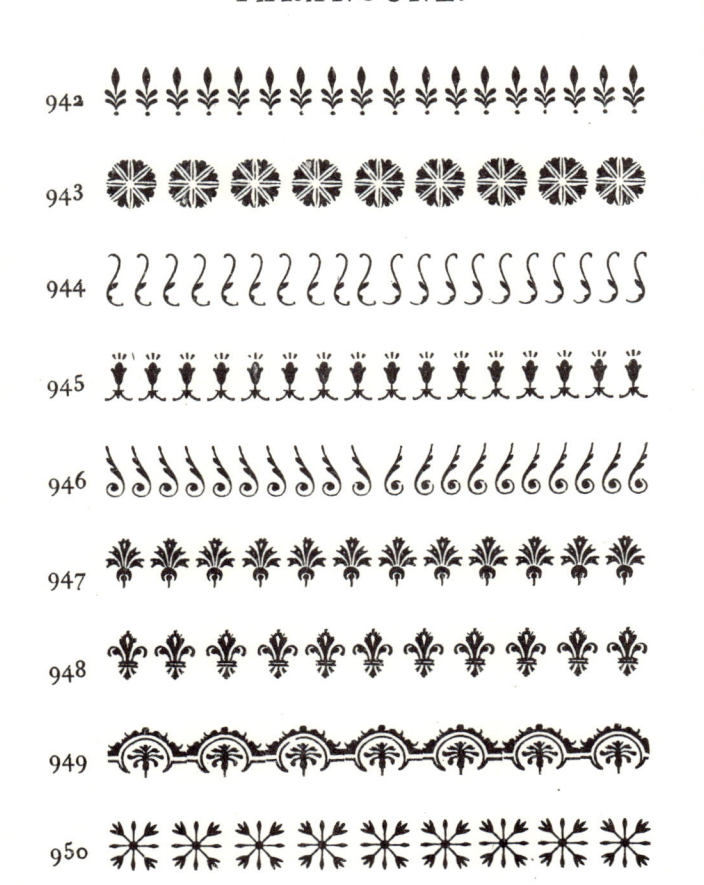

942 ❧❧❧❧❧❧❧❧❧❧❧❧❧❧❧❧❧
943 ✹✹✹✹✹✹✹✹✹
944 ʔʔʔʔʔʔʔʔʔʃʃʃʃʃʃʃʃ
945 ⚱⚱⚱⚱⚱⚱⚱⚱⚱⚱⚱⚱⚱⚱⚱⚱
946 ༄༄༄༄༄༄༄༄༄༄༄༄༄༄༄༄
947 ❦❦❦❦❦❦❦❦❦❦❦
948 ⚜⚜⚜⚜⚜⚜⚜⚜⚜⚜
949 〰❦〰❦〰❦〰❦〰❦〰❦〰❦〰
950 ✳✳✳✳✳✳✳✳✳✳

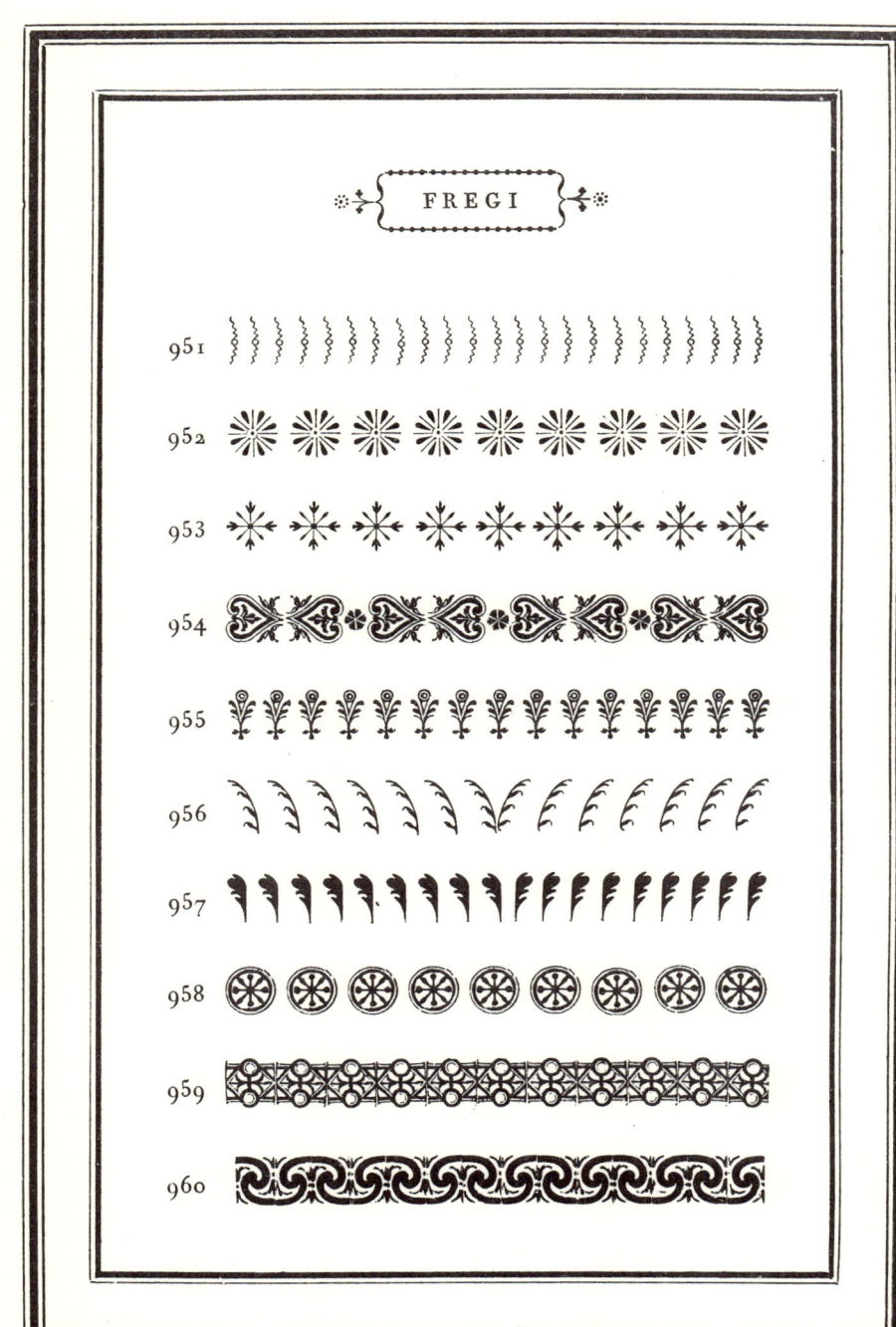

FREGI

951
952
953
954
955
956
957
958
959
960

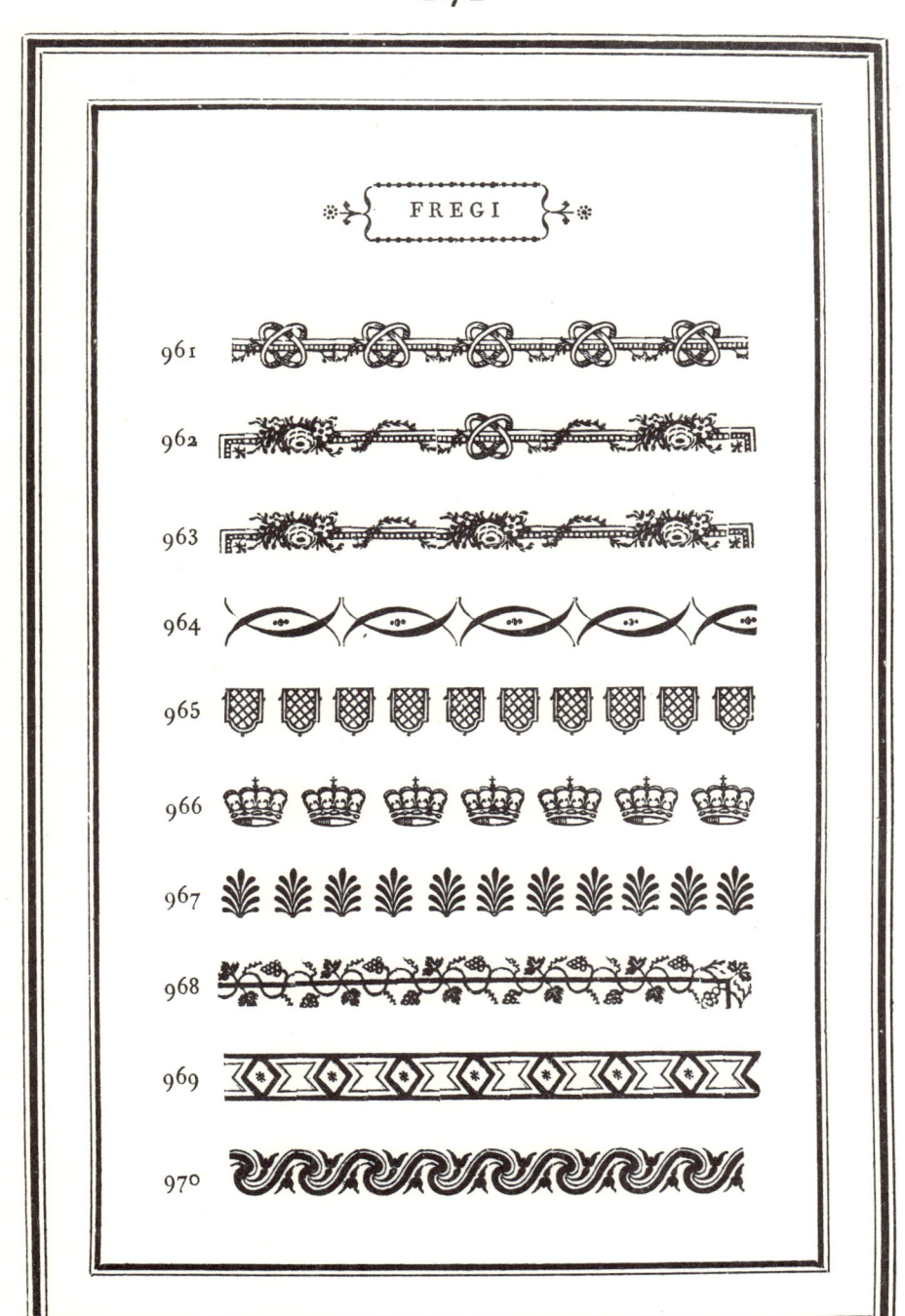

FREGI

961
962
963
964
965
966
967
968
969
970

FREGI

ASCENDONICA.

971
972
973
974
975
976
977
978

244

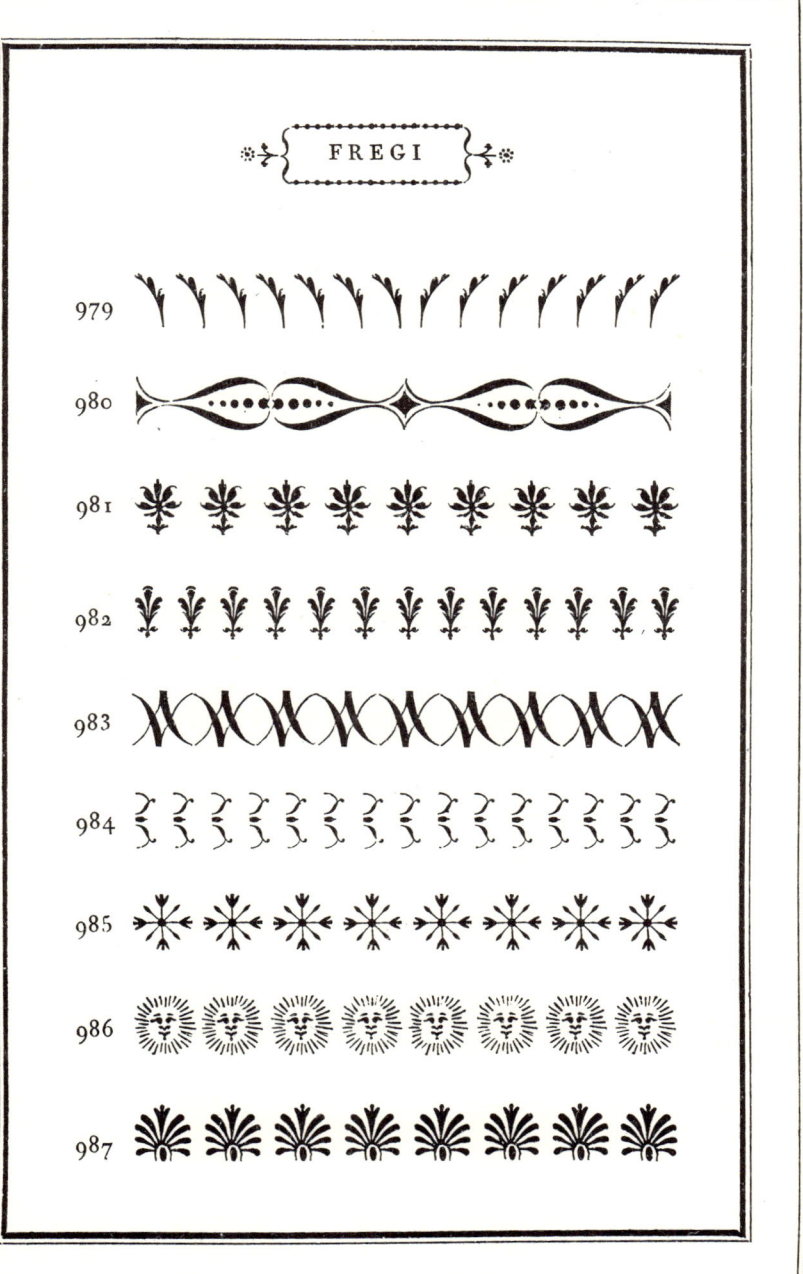

FREGI

979
980
981
982
983
984
985
986
987

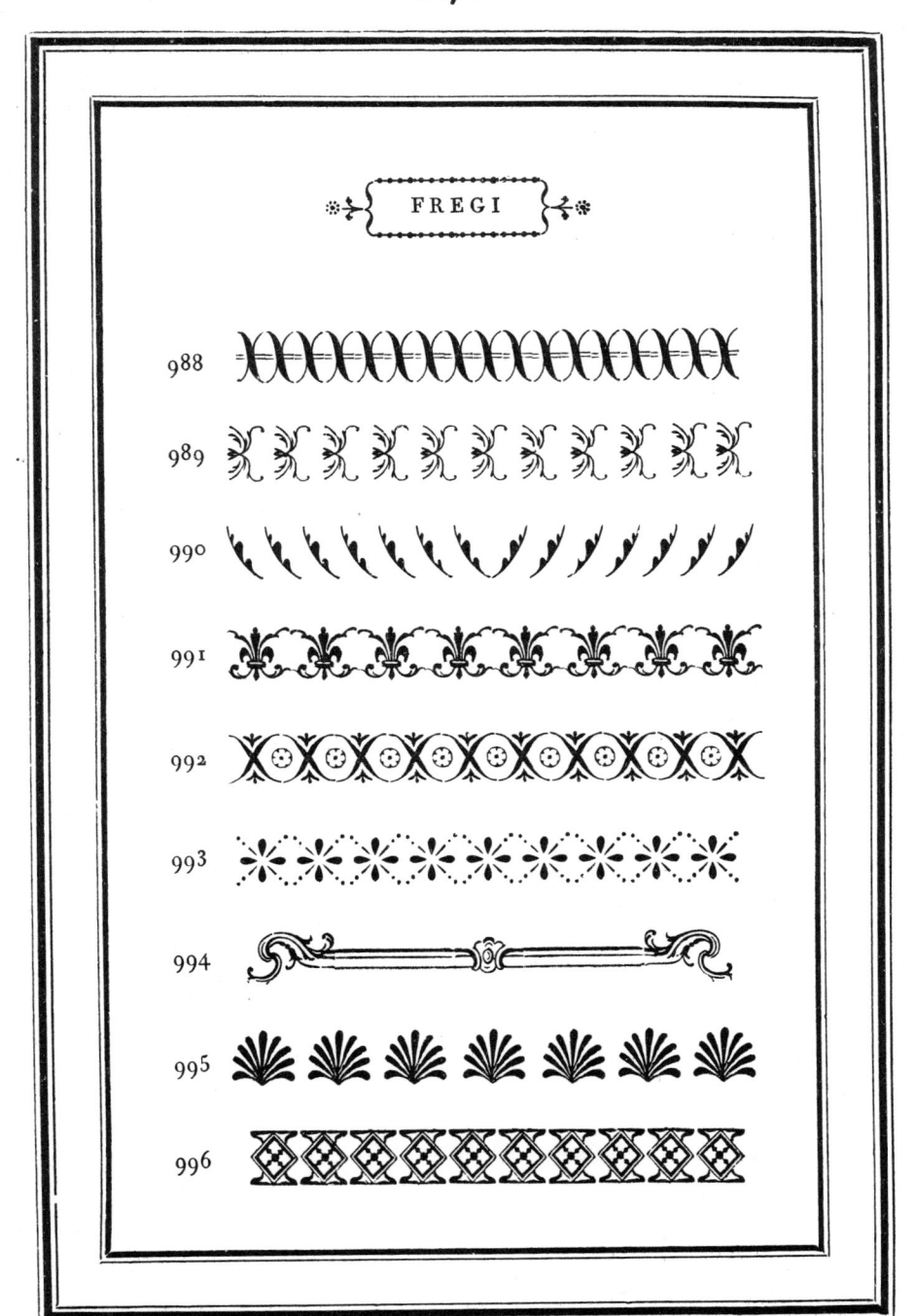

FREGI

988
989
990
991
992
993
994
995
996

FREGI

PALESTINA.

997
998
999
1000
1001
1002
1003
1004

FREGI

1005
1006
1007
1008
1009
1010
1011
1012

FREGI

CANONCINO.

1013
1014
1015
1016
1017
1018
1019

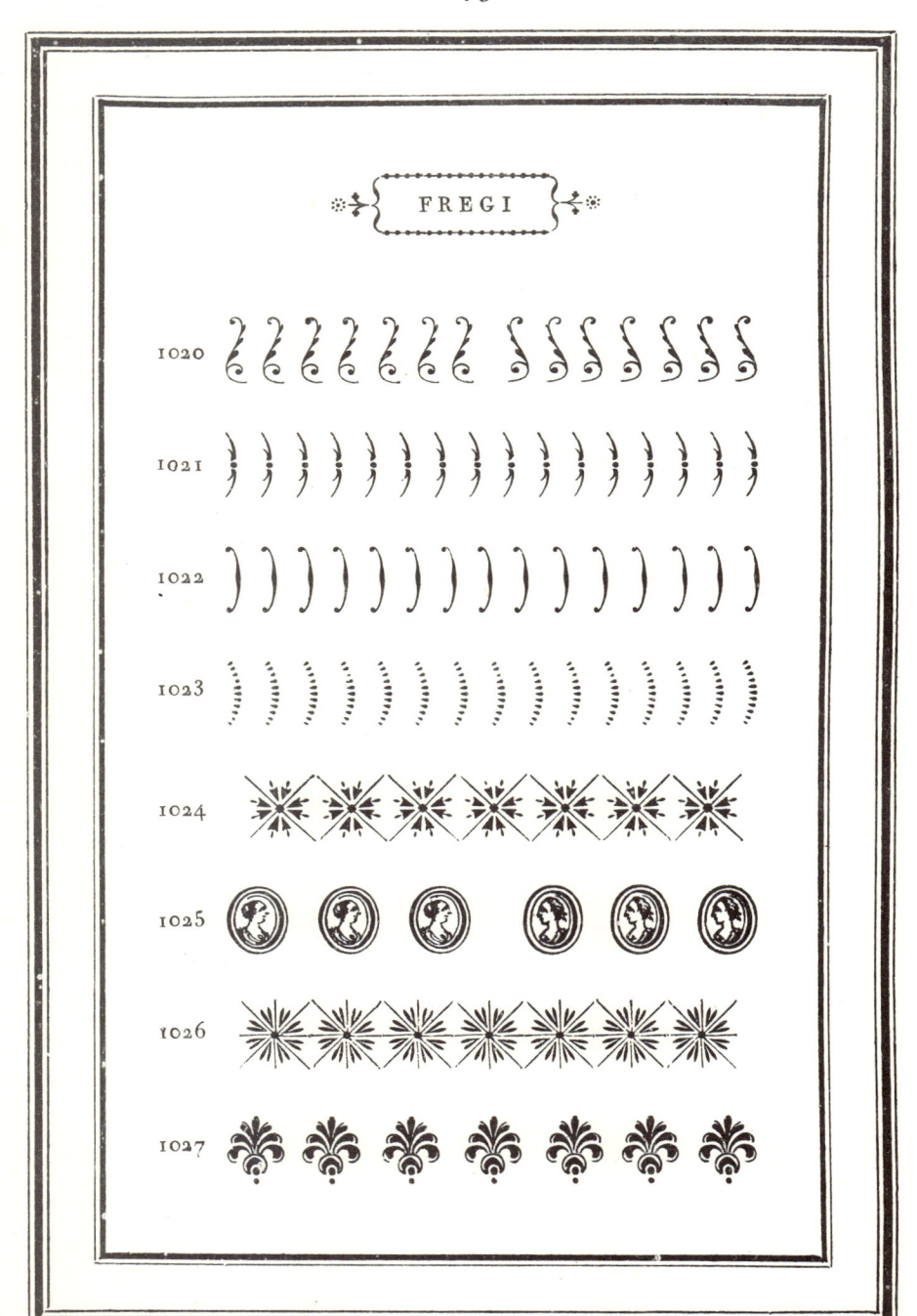

FREGI

1020
1021
1022
1023
1024
1025
1026
1027

FREGI

1028
1029
1030
1031

SOPRA-CANONCINO.

1032
1033

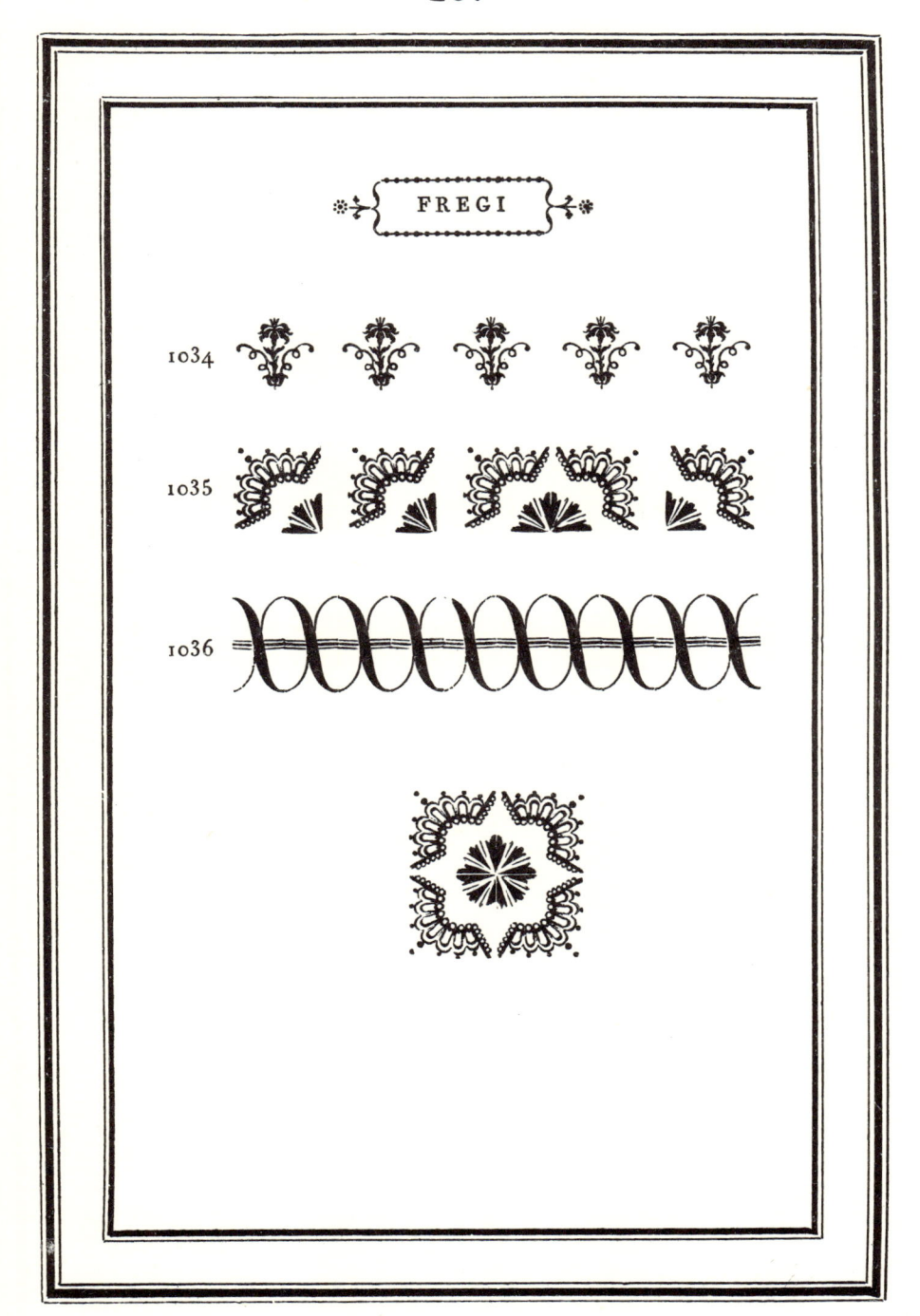

FREGI

1034

1035

1036

SAGGIO

DI

ORNATI E CONTORNI

Formati colla combinazione di alcuni de' fregi già dimostrati.

I

II

III

IV

{ CONTORNI }

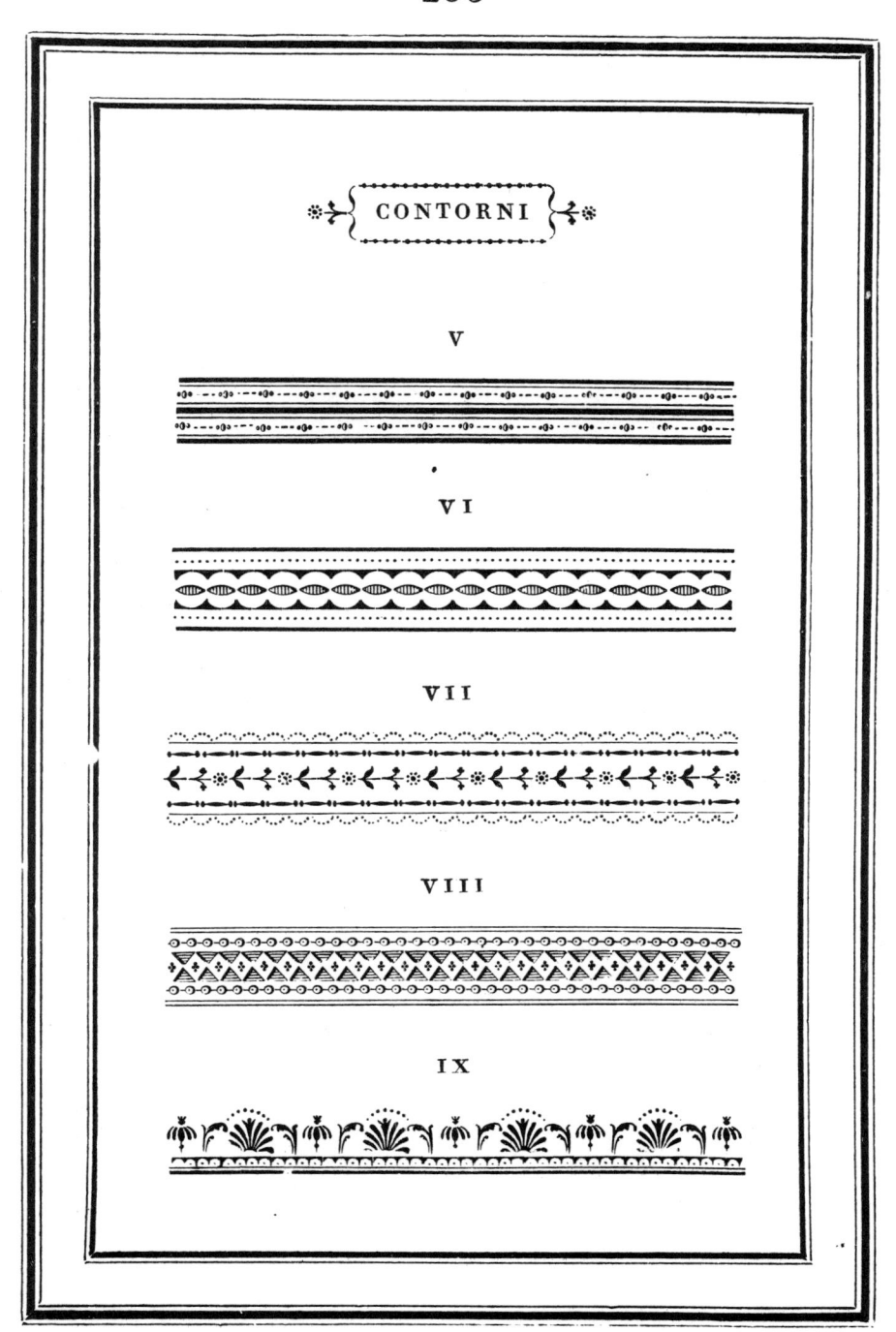

V

VI

VII

VIII

IX

CONTORNI

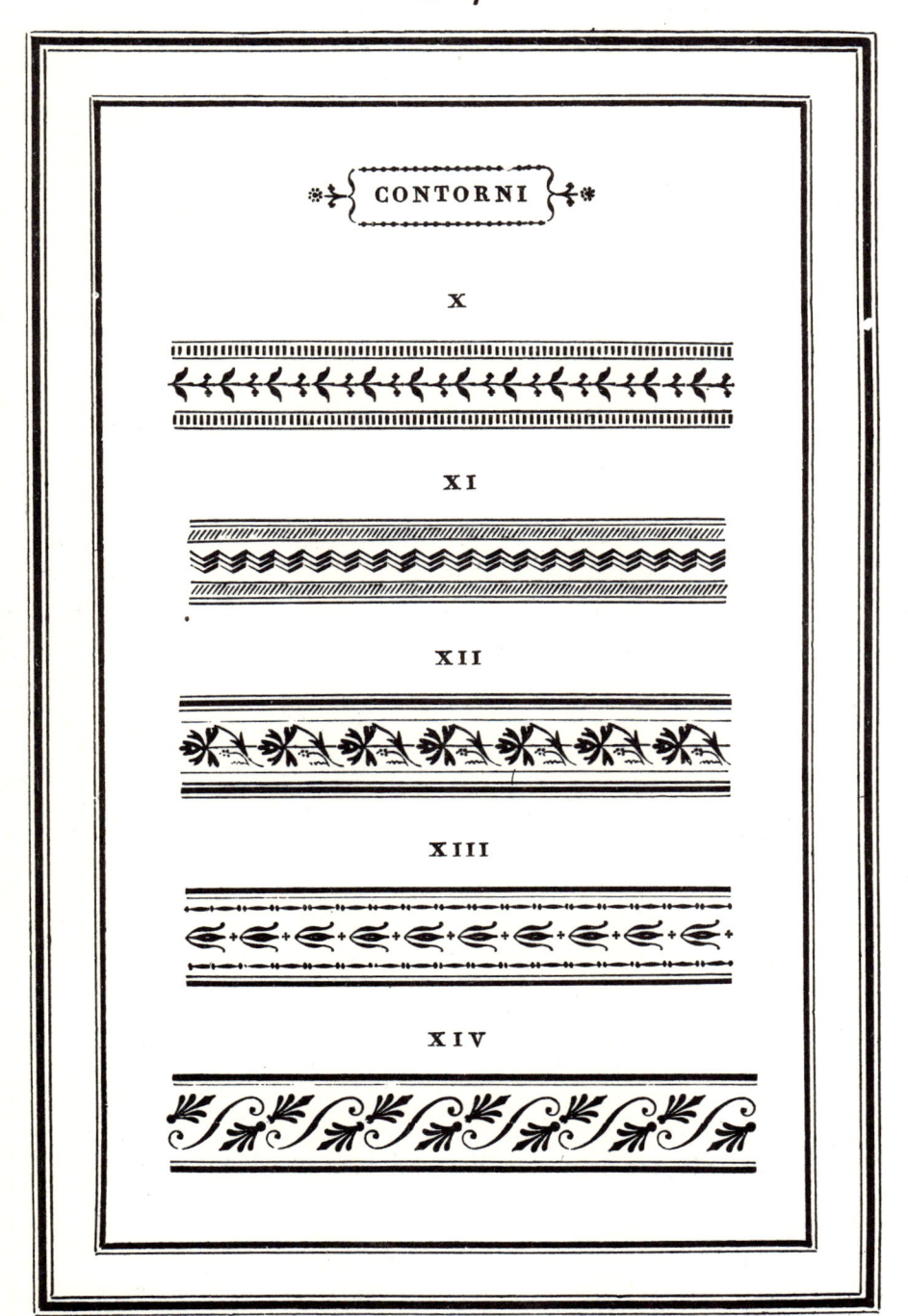

X

XI

XII

XIII

XIV

CONTORNI

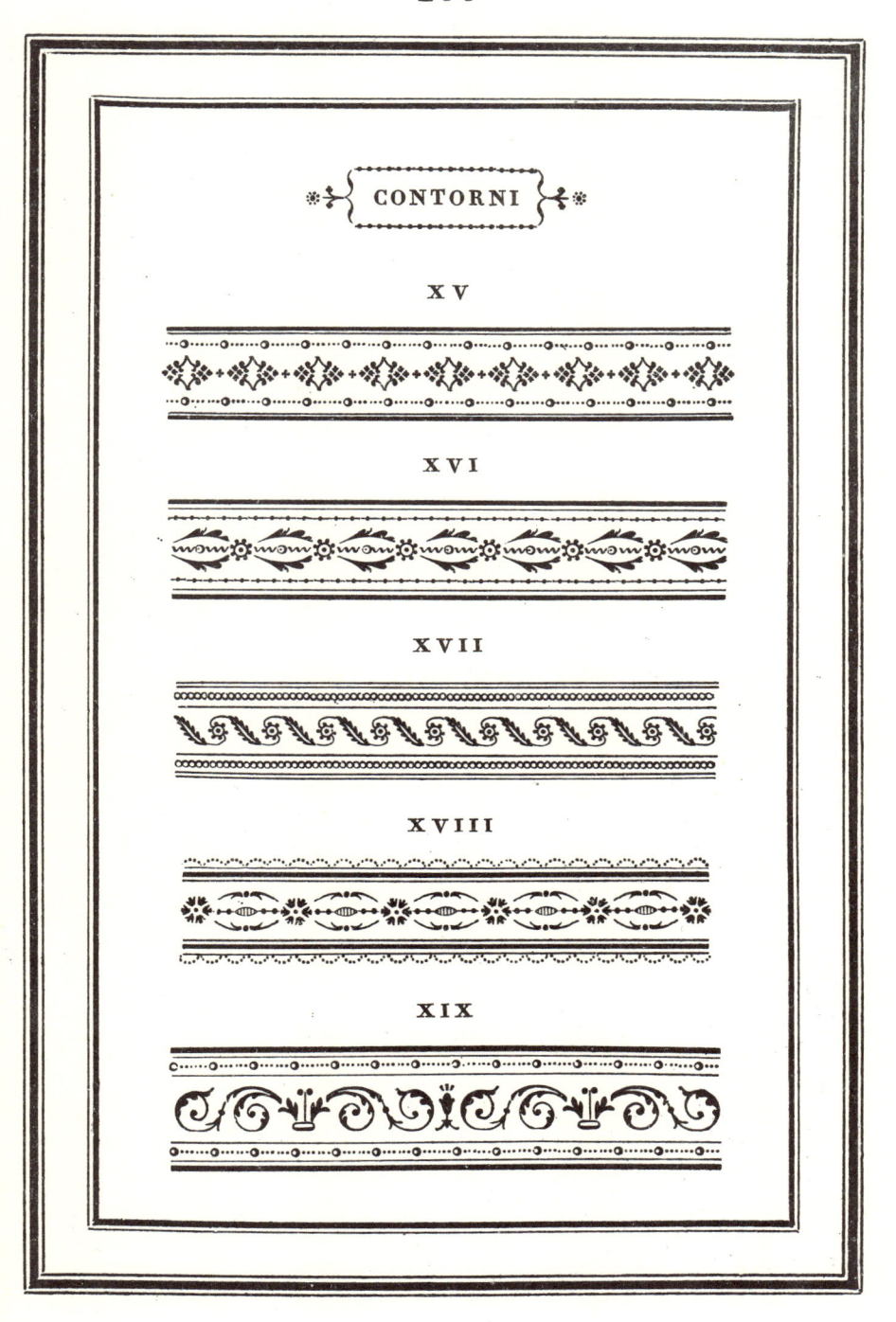

XV

XVI

XVII

XVIII

XIX

CONTORNI

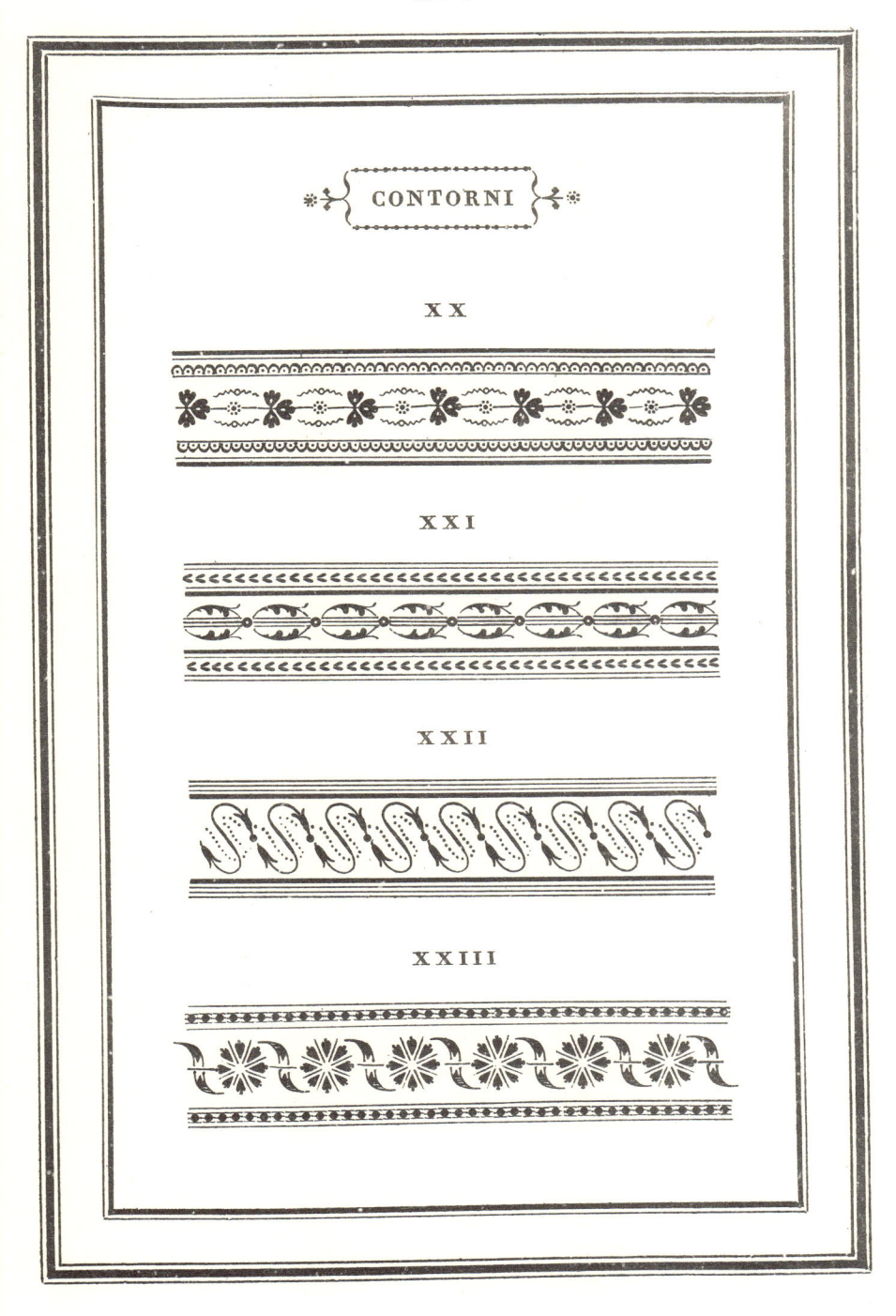

XX

XXI

XXII

XXIII

CONTORNI

XXVIII

XXIX

XXX

XXXI

CARTELLE

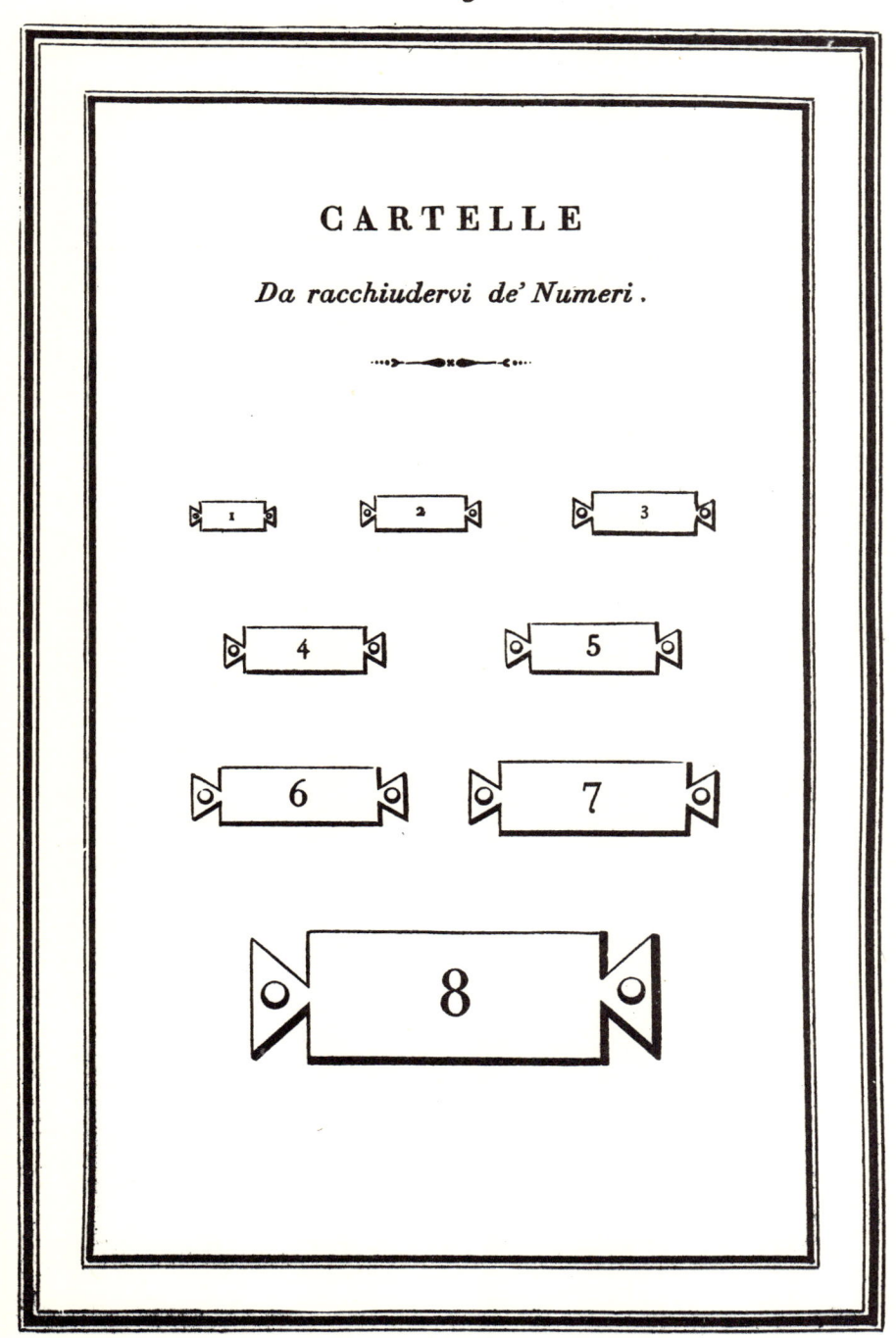

Da racchiudervi de' Numeri.

LINEE

*Semplici, doppie, triplici, ecc.
la di cui lunghezza non oltrepasserà
la misura di un braccio.*

1 ─────────────
2 ─────────────
3 ─────────────
4 ─────────────
5 ─────────────
6 ─────────────
7 ─────────────
8 ─────────────
9 ═════════════
10 ═════════════
11 ≡≡≡≡≡≡≡≡≡≡≡≡≡
12 ≡≡≡≡≡≡≡≡≡≡≡≡≡
13 ≡≡≡≡≡≡≡≡≡≡≡≡≡
14 ≡≡≡≡≡≡≡≡≡≡≡≡≡

15

16

17

18

19

20

21

22

23

24

25

26

27

28

29

30

31

32

33

34

LINEE FINALI.

Sorte 1.ᵃ

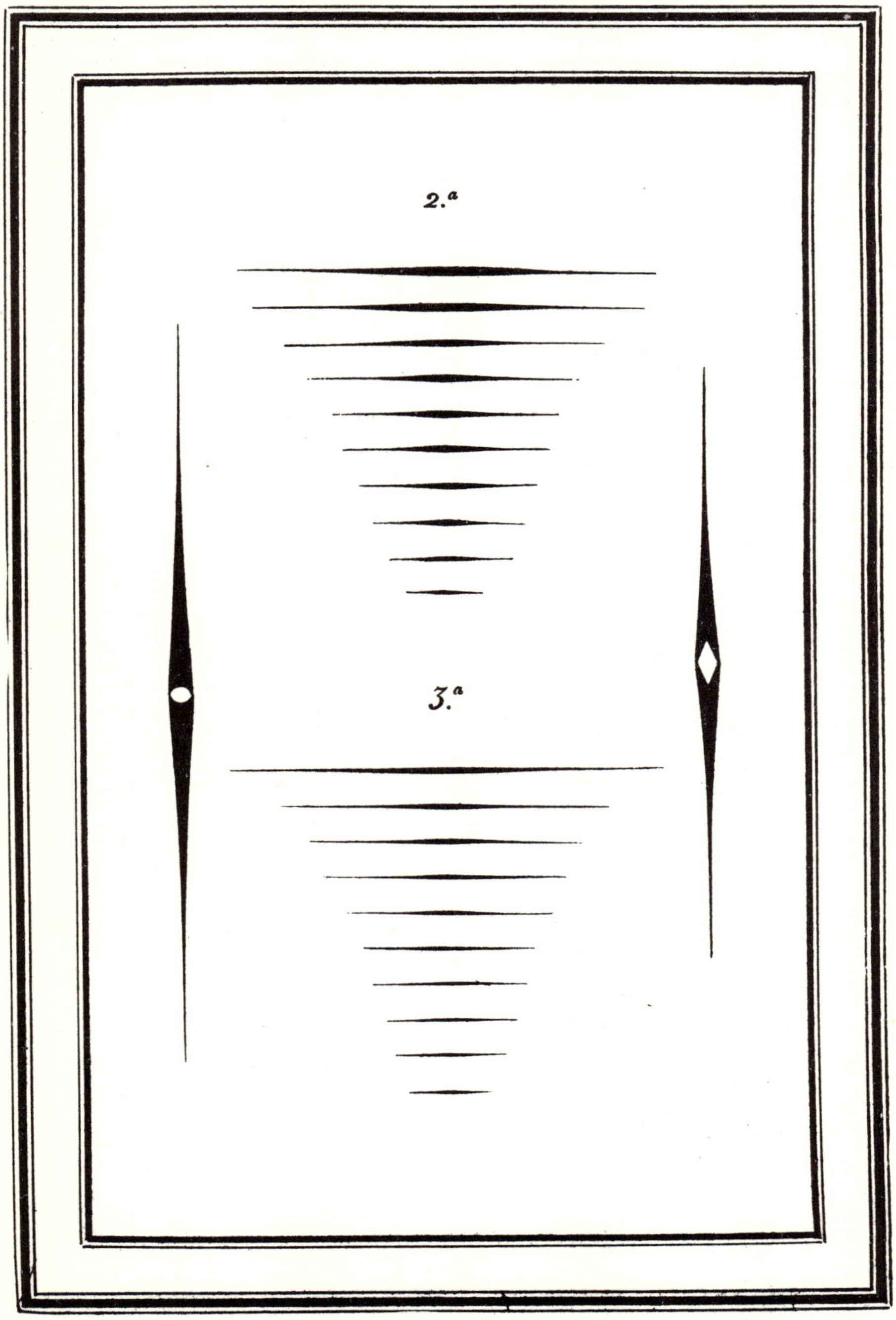
2.ª
3.ª

264

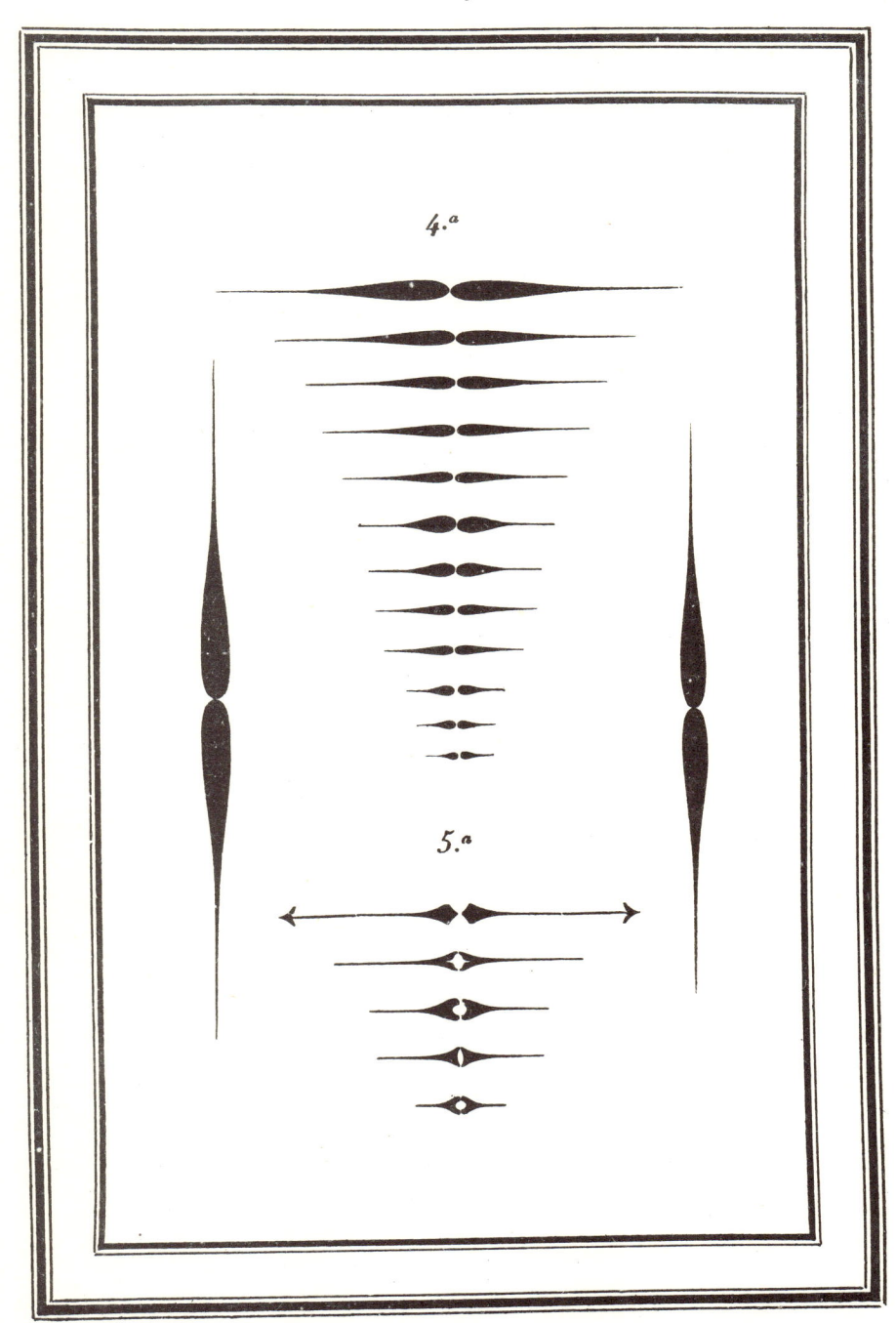

4.ª

5.ª

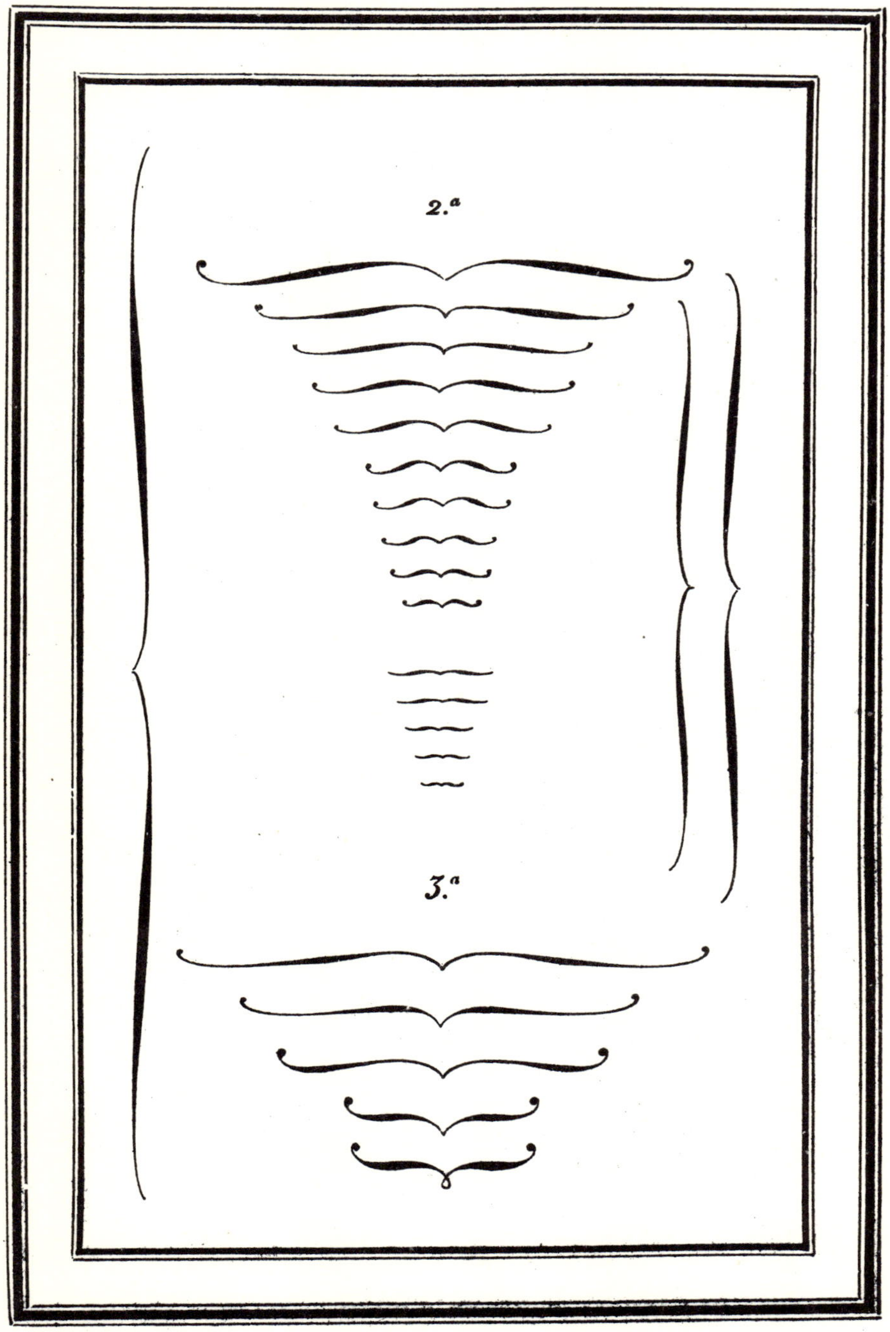
2.ª
3.ª

267

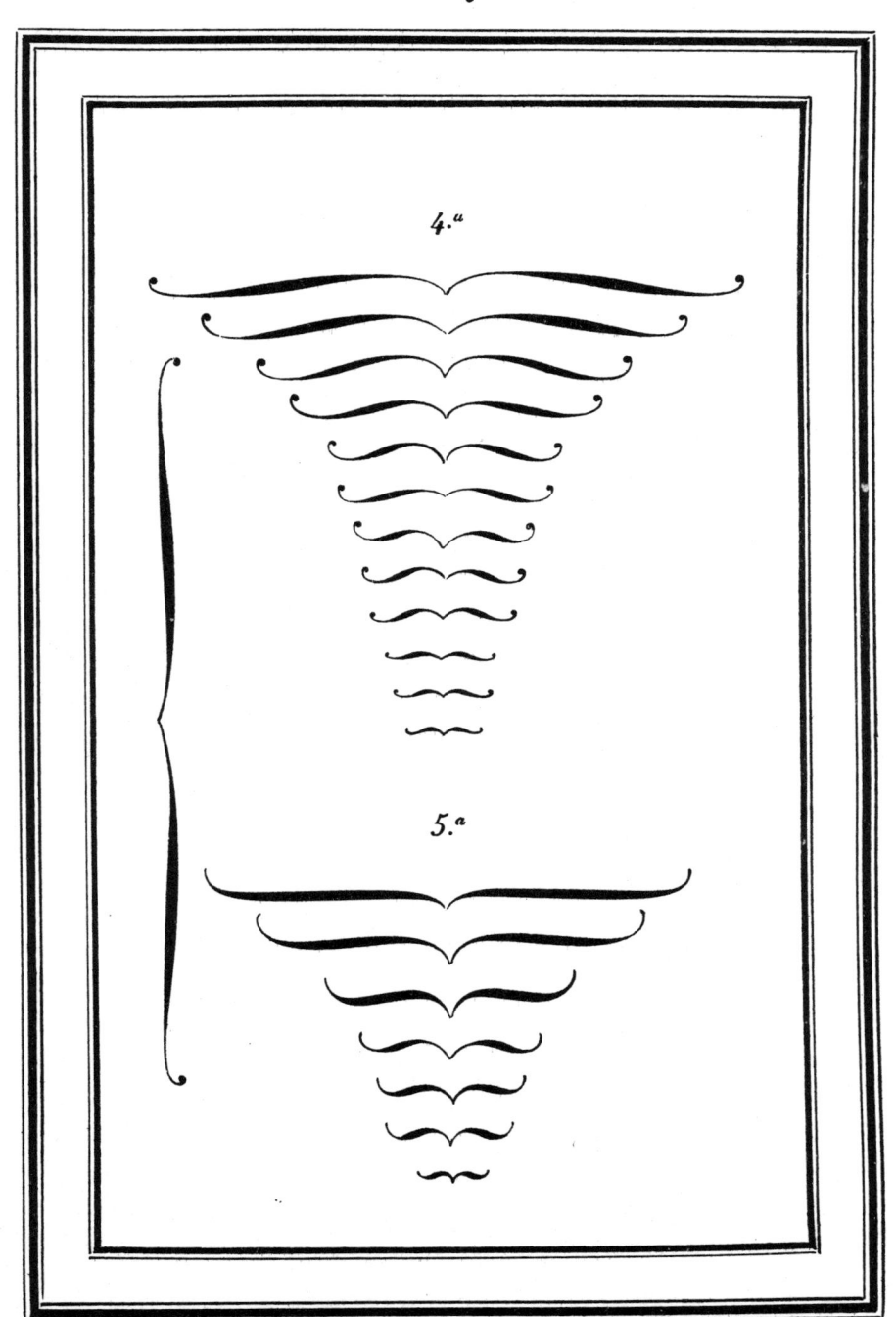

4.ª

5.ª

CIFRE DIVERSE.

FASI DELLA LUNA.

- ● *Novilunio*
- ☽ *Primo Quarto*
- ☻ *Plenilunio*
- ☾ *Ultimo Quarto*.

SEGNI DEL ZODIACO.

- ♈ *Ariete*
- ♉ *Toro*
- ♊ *Gemini*
- ♋ *Cancro*
- ♌ *Leone*
- ♍ *Vergine*
- ♎ *Libra*
- ♏ *Scorpione*
- ♐ *Sagittario*
- ♑ *Capricorno*
- ♒ *Acquario*
- ♓ *Pesci*.

ASPETTI.

- ☌ *Congiunzione*
- ✶ *Sestile*
- ▢ *Quadrato*
- △ *Trino*
- ☍ *Opposizione*
- ☄ *Cometa*
- ☊ *Testa del Drago*
- ☋ *Coda del Drago*

PIANETI.

♄	*Saturno*	☾	*La Luna*		
♃	*Giove*	♁	*La Terra*		
♂	*Marte*	♅	*Urano*	Herschel	1781
♀	*Venere*	⚳	*Cerere*	Piazzi	1801
☿	*Mercurio*	⚴	*Pallade*	Holbers	1802
☉	*Il Sole*				

SEGNI D'ALGEBRA.

+	*Più*	∞	*Infinito*
—	*Meno*	∞^{∞}	*Infinitamente grande*
×	*Moltiplicato per*	$\frac{1}{\infty^{\infty}}$	*Infinitamente piccolo*
⨯	*Diviso per*	√	*Radicale*
>	*Più grande*	√	*Radice*
<	*Più piccolo*	∷ o ∻	*Come*
=	*Eguale*	:	*è a*
∾	*Simile a*		

√ √ √ √ √ √

I Segni d'Algebra qui sopra sono sul *Garamone*; ma si trovano ancora sul *Testino*, sulla *Lettura*, e sul *Silvio*.

SEGNI DI GEOMETRIA.

∥	*Paralello*	∟	*Angolo retto*
⊥ with =	*Uguaglianza*	∨ with =	*Angoli eguali*
⊥	*Perpendicolare*	□	*Quadrato*
<	*Angolo*	○	*Circolo*
△	*Triangolo*	°	*Grado*
▭	*Rettangolo*	′	*Minuto*

SEGNI DI MEDICINA.

℞	*Recipe*	℈	*Scrupolo*
℔	*Libbra*	ß	*Metà*
℥	*Oncia*	g̃	*Grano*
ʒ	*Dramma*	ã	*d'ognuno.*

ABBREVIATURE NUMERALI.

Lire	£ ₶	*Soldi*	ſ	*Denari*	₰
	£ ₶		ſ		₰
	£ ₶		ſ		₰

Frazioni.

$\overline{2}\,\overline{3}\,\overline{4}\,\overline{5}\,\overline{6}\,\overline{7}\,\overline{8}\,\overline{9}\,\overline{0}$ $\frac{1}{2}\frac{1}{3}\frac{1}{4}\frac{1}{5}\frac{1}{6}\frac{1}{7}\frac{1}{8}\frac{1}{9}\frac{1}{0}$ $\frac{1}{2}\frac{1}{3}\frac{1}{4}\frac{1}{5}\frac{1}{6}\frac{1}{7}\frac{1}{8}\frac{1}{9}\frac{1}{0}$

NUMERI ARABICI

La cui grandezza è maggiore di quelli che si trovano coi caratteri.

1 2 3 4
5 6 7 8
9 0

1234
5678
90

INDICE
DEI CARATTERI, FREGI, SEGNI,
ED ALTRI OGGETTI
CONTENUTI NEL SECONDO VOLUME.

La quantità d'ognuno di essi rilevasi dai numeri posti tra parentesi.

	Pag.
Carattere Greco (34)	3
Sue Majuscole in Tondo (34)	21
Idem in Corsivo (34)	45
Ebraico (7)	64
Ebreo-Tedesco (1)	68
Rabbinico (3)	69
Caldaico (2)	71
Siriaco (3)	72
Siro-Estranghelo (3)	74
Samaritano (2)	76
Arabo (2)	77
Turco (1)	78

Tartaro (1)	79
Tartaro Mantchou (1)	80
Persiano (2)	81
Etiopico (1)	82
Cofto con sue Majuscole (2)	83
Armeno con sue Majuscole (2)	85
Etrusco (2)	87
Fenicio (2)	88
Punico (1)	89
Palmireno (2)	90
Serviano con sue Majuscole (1)	91
Illirico con sue Majuscole (1)	92
Gotico d'Ulfila (1)	93
Giorgiano (1)	94
Tibetano (2)	95
Bracmanico (1)	96
Malabarico (1)	97
Tedesco con sue Majuscole (2)	99
Russo, in Tondo (21)	101
Idem in Corsivo (11)	120
Sue Majuscole in Tondo (25)	131
Idem in Corsivo (14)	158

Fregi sulla Parmigianina (199) 184
―― *sulla Nompariglia* (220) 192
―― *sul Testino* (146) 202
―― *sul Garamone* (141) 211
―― *sulla Lettura* (89) 220
―― *sul Silvio* (76) 226
―― *sul Soprasilvio* (21) 233
―― *sul Testo* (49) 235
―― *sul Parangone* (29) 240
―― *sull'Ascendonica* (26) 243
―― *sulla Palestina* (16) 246
―― *sul Canoncino* (19) 248
―― *sul Sopra-canoncino* (5) 250
Ornati e Contorni diversi (31) 252
Cartelle da racchiudervi de' numeri (8) 259
Linee semplici, doppie, triplici ecc. (34) 260
Linee finali (sorti 5) 262
Grappe (sorti 5) 265
Cifre diverse = Fasi della Luna, Segni del Zodiaco, Aspetti 268

Pianeti, Segni d'Algebra 269
Segni di Geometria, Segni a Medicina, Abbreviature numerali, e Frazioni 270
Numeri Arabici, la cui grandezza è maggiore di quei che si trovano in ciascun carattere 271
Musica impressa in due volte, cioè prima le linee e poi le note 273
Musica impressa in una sola volta, cioè le linee insieme colle note .. 274
Canto Gregoriano impresso in due volte 275

IL FINE.

PRINTED IN HOLLAND AND PUBLISHED BY
THE HOLLAND PRESS LTD.
112 Whitfield Street, London, W.1
1960

Limited to 500 copies